Libro di bordo per il tiro sportivo

Questo libro appartiene a:

_____

_____

_____

_____

Questo registro di catalogo per il tiro sportivo, pratico e facile da usare, con una copertina dal design moderno e di qualità per tiratori, tiratrici, tiratori, tiratrici, è stato progettato professionalmente per aiutarvi a tenere un registro dettagliato delle date, dell'ora, del luogo, dell'arma, del tipo di mirino, delle munizioni, della profondità della sede, della distanza, della polvere, dell'innesco, dell'ottone, delle pagine della tabella.

Libro di bordo per il tiro sportivo

📅 Data: _____   🕐 Tempo: _____

📍 Posizione: _____

Condizioni meteo

☀️ ☁️ ⛅ 🌧️ 🌧️ 🌨️ 🚩 🌡️
☐   ☐   ☐   ☐   ☐   ☐   ____ ____

Arma da fuoco:	
Proiettile:	Profondità di seduta:
Polvere:	Grani:
Primer:	
Ottone:	
Distanza:	

Risultati complessivi

☐ Povero   ☐ Fiera   ☐ Buono   ☐ Eccellente

Note aggiuntive

_____

_____

_____

☆ ☆ ☆ ☆ ☆

Un'idea regalo perfetta per principianti e professionisti

Libro di bordo per il tiro sportivo

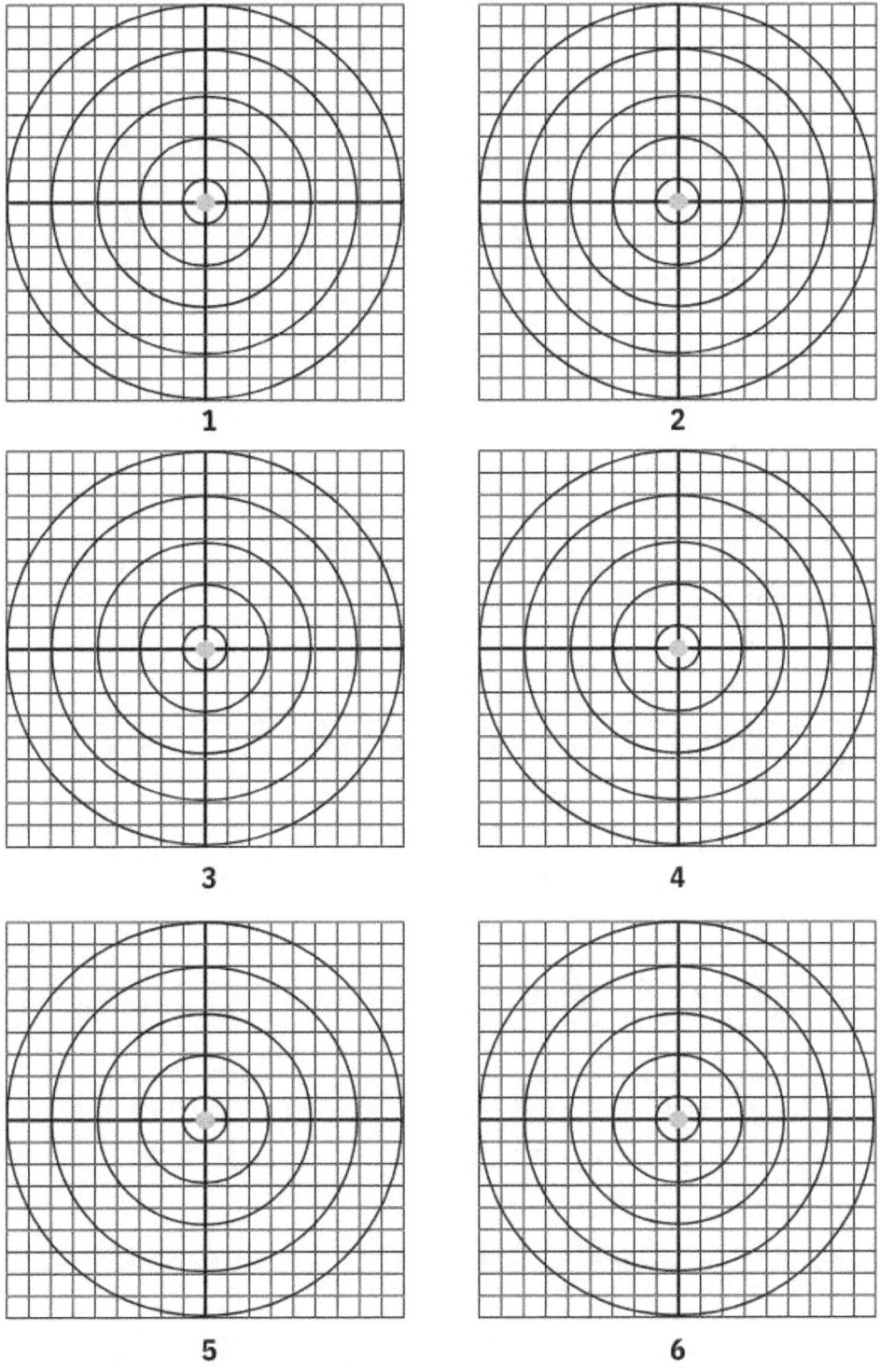

Un'idea regalo perfetta per principianti e professionisti

Libro di bordo per il tiro sportivo

📅 Data: _____ 🕐 Tempo: _____

📍 Posizione: _____

Condizioni meteo

☀ ☁ 🌤 🌧 🌧 🌨 🚩 🌡
☐ ☐ ☐ ☐ ☐ ☐

Arma da fuoco:	
Proiettile:	Profondità di seduta:
Polvere:	Grani:
Primer:	
Ottone:	
Distanza:	

Risultati complessivi

☐ Povero   ☐ Fiera   ☐ Buono   ☐ Eccellente

Note aggiuntive

_____

_____

_____

☆ ☆ ☆ ☆ ☆

Un'idea regalo perfetta per principianti e professionisti

Libro di bordo per il tiro sportivo

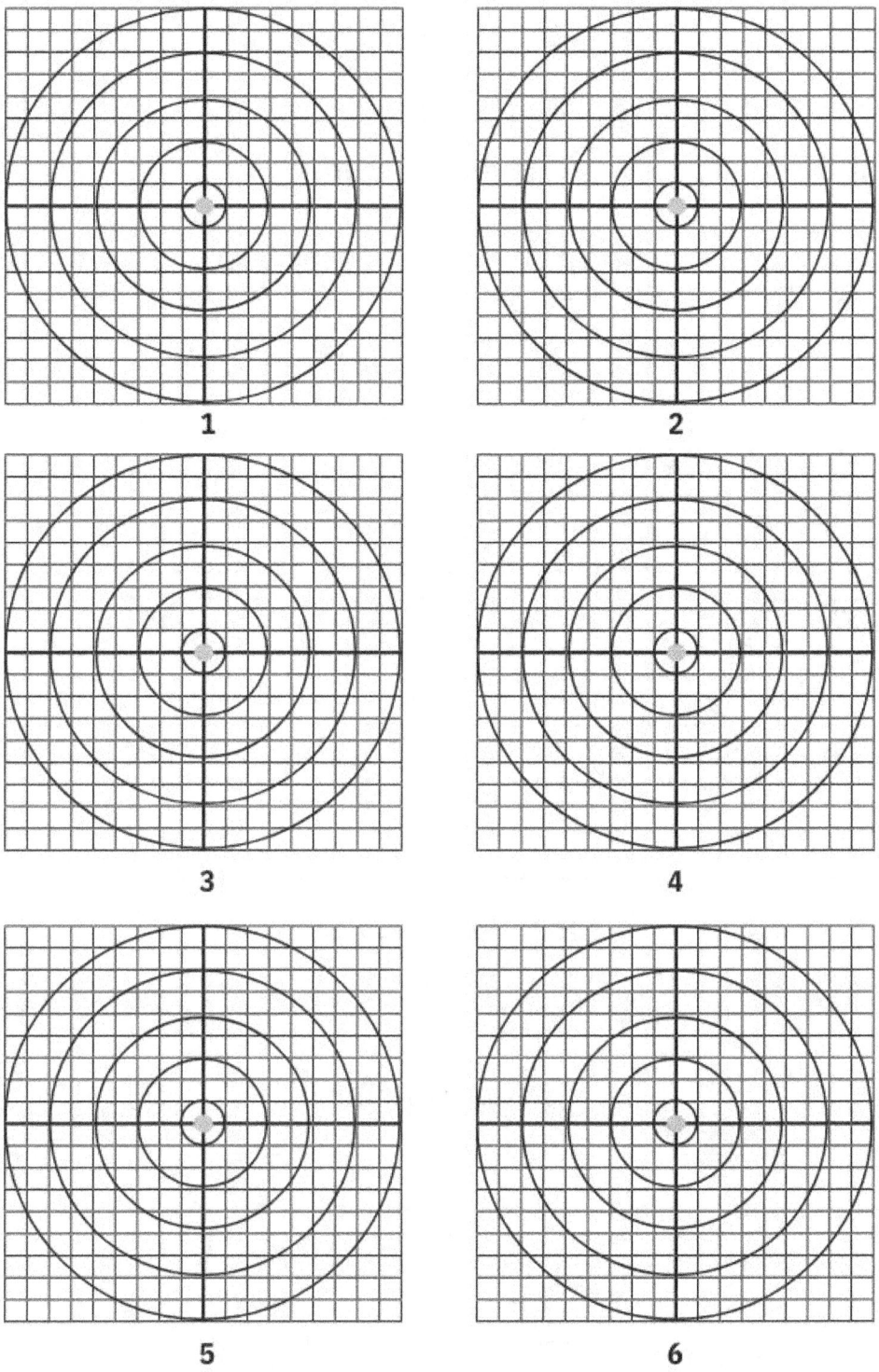

Un'idea regalo perfetta per principianti e professionisti

Libro di bordo per il tiro sportivo

📅 Data: _____   🕐 Tempo: _____

📍 Posizione: _____

Condizioni meteo

☀ ☐   ⛅ ☐   ☁ ☐   🌧 ☐   🌧 ☐   🌨 ☐   🚩   🌡

Arma da fuoco:	
Proiettile:	Profondità di seduta:
Polvere:	Grani:
Primer:	
Ottone:	
Distanza:	

Risultati complessivi

☐ Povero   ☐ Fiera   ☐ Buono   ☐ Eccellente

Note aggiuntive

_____
_____
_____

☆ ☆ ☆ ☆ ☆

Un'idea regalo perfetta per principianti e professionisti

Libro di bordo per il tiro sportivo

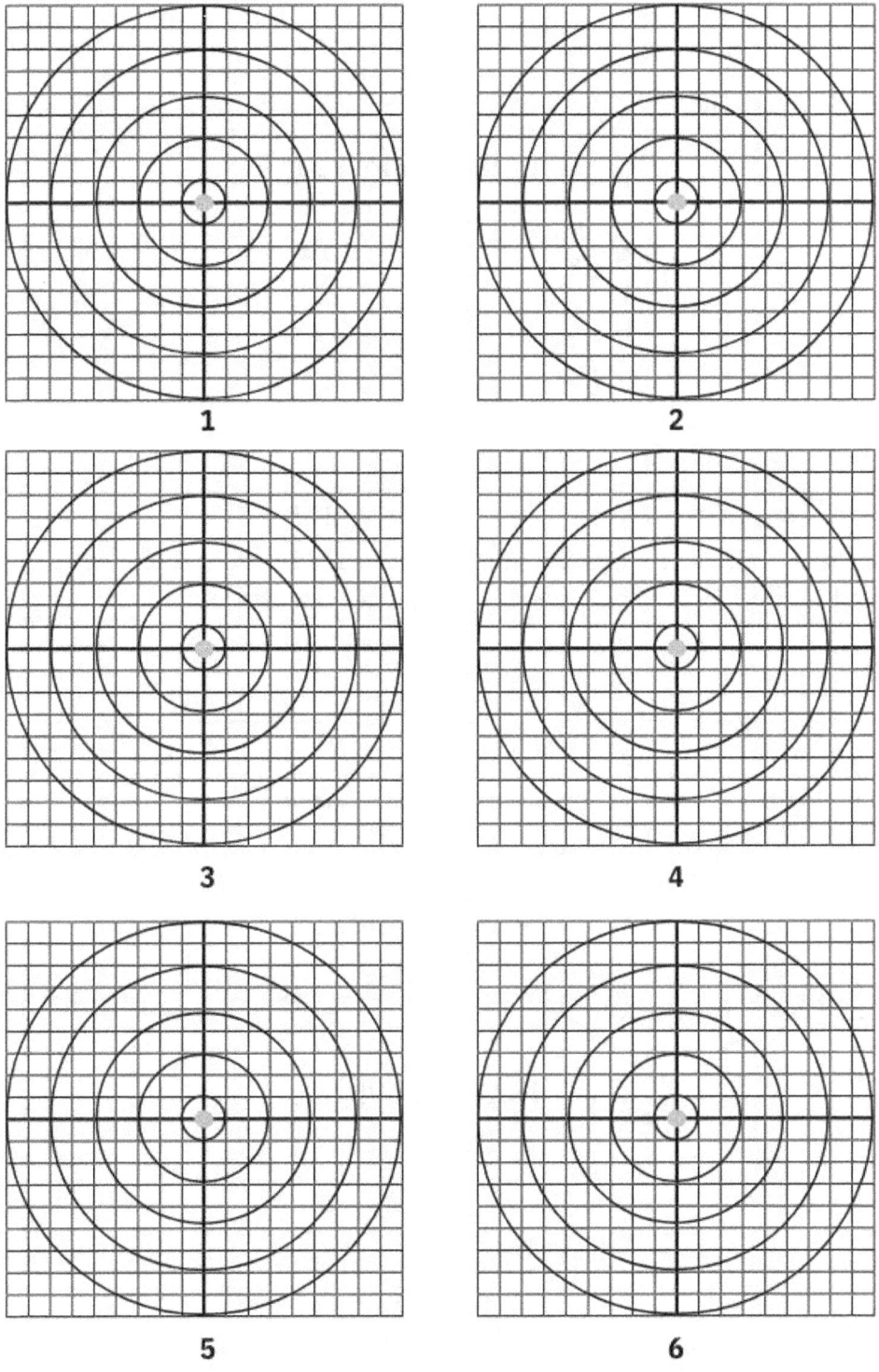

Un'idea regalo perfetta per principianti e professionisti

Libro di bordo per il tiro sportivo

📅 Data: _____ 🕐 Tempo: _____

📍 Posizione: _____

Condizioni meteo

☀️ ☐   ☁️ ☐   🌤️ ☐   🌧️ ☐   🌧️ ☐   🌨️ ☐   🚩 _____   🌡️ _____

Arma da fuoco:	
Proiettile:	Profondità di seduta:
Polvere:	Grani:
Primer:	
Ottone:	
Distanza:	

Risultati complessivi

☐ Povero   ☐ Fiera   ☐ Buono   ☐ Eccellente

Note aggiuntive

_____

_____

☆ ☆ ☆ ☆ ☆

Un'idea regalo perfetta per principianti e professionisti

Libro di bordo per il tiro sportivo

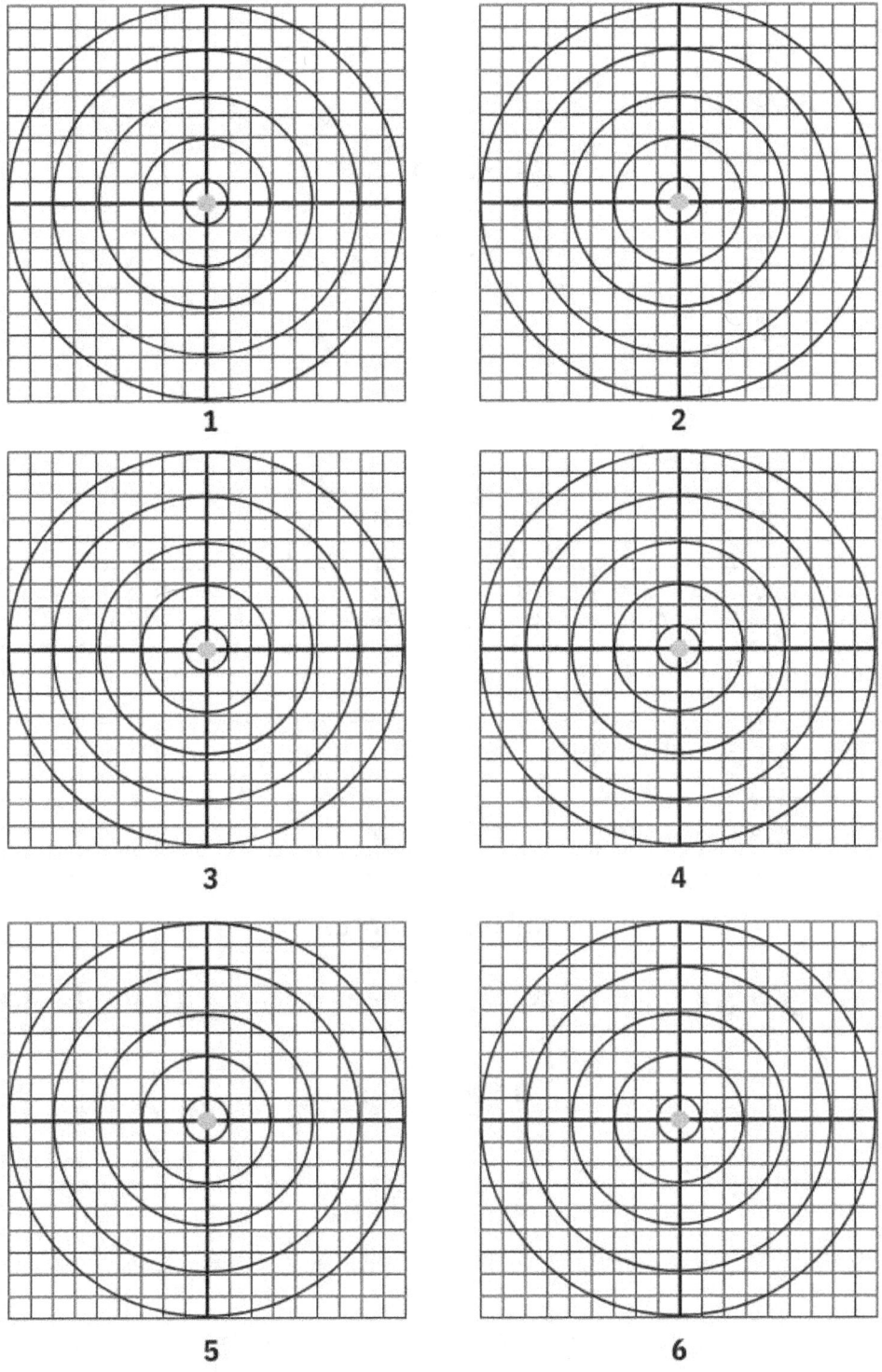

Un'idea regalo perfetta per principianti e professionisti

Libro di bordo per il tiro sportivo

📅 Data: _____ 🕐 Tempo: _____

📍 Posizione: _____

Condizioni meteo

☀ ☁ ☁ 🌧 🌧 🌨 🚩 🌡
☐   ☐   ☐   ☐   ☐   ☐   _____   _____

Arma da fuoco:	
Proiettile:	Profondità di seduta:
Polvere:	Grani:
Primer:	
Ottone:	
Distanza:	

Risultati complessivi

☐ Povero   ☐ Fiera   ☐ Buono   ☐ Eccellente

Note aggiuntive

_____

_____

_____

☆ ☆ ☆ ☆ ☆

Un'idea regalo perfetta per principianti e professionisti

Libro di bordo per il tiro sportivo

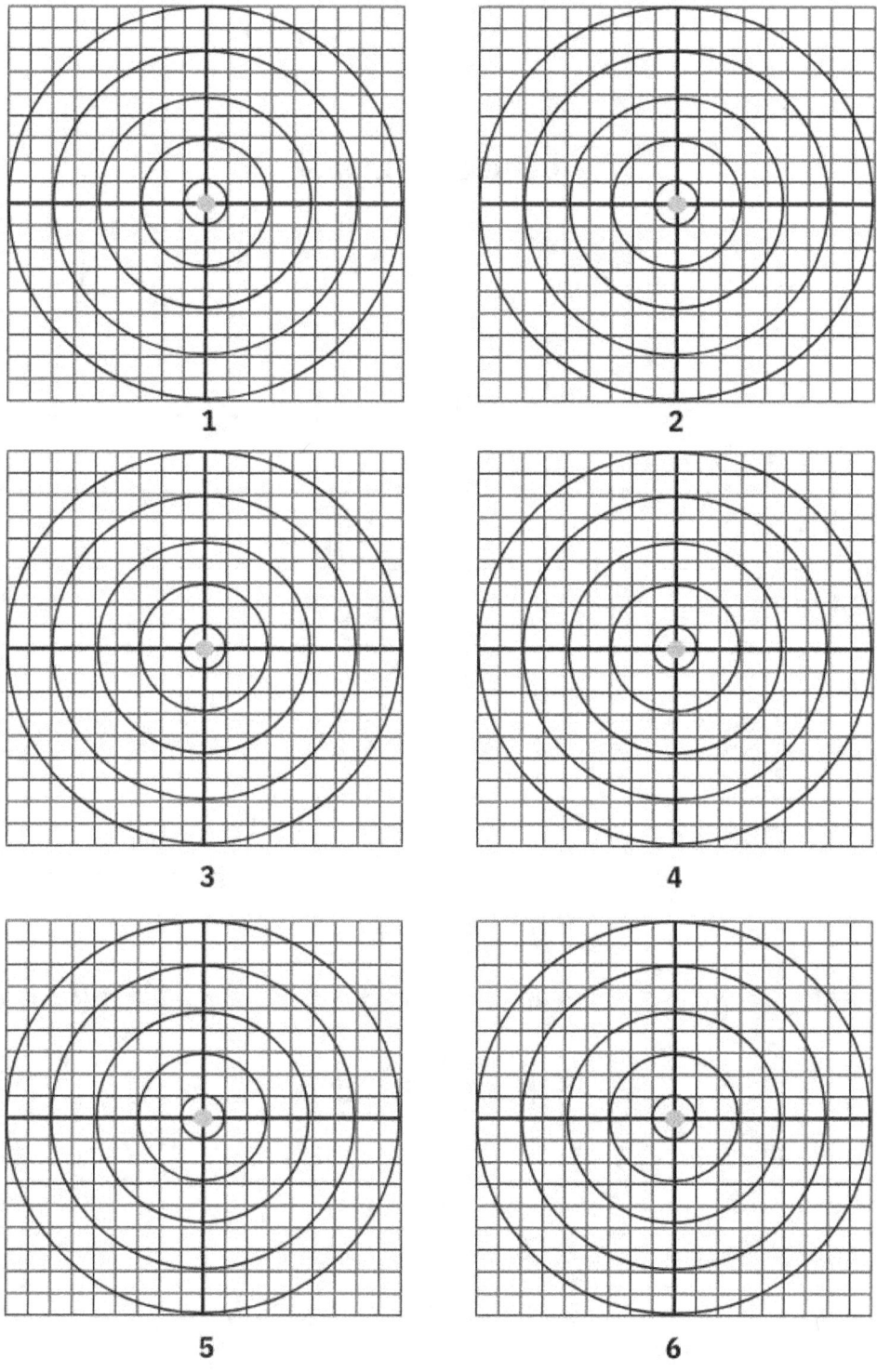

Un'idea regalo perfetta per principianti e professionisti

Libro di bordo per il tiro sportivo

Data: _____   **Tempo:** _____

Posizione: _____

Condizioni meteo

☀ ☁ ⛅ 🌧 🌧 🌨 🚩 🌡
☐ ☐ ☐ ☐ ☐ ☐

Arma da fuoco:	
Proiettile:	Profondità di seduta:
Polvere:	Grani:
Primer:	
Ottone:	
Distanza:	

Risultati complessivi

☐ Povero   ☐ Fiera   ☐ Buono   ☐ Eccellente

Note aggiuntive

_____
_____

☆ ☆ ☆ ☆ ☆

Un'idea regalo perfetta per principianti e professionisti

Libro di bordo per il tiro sportivo

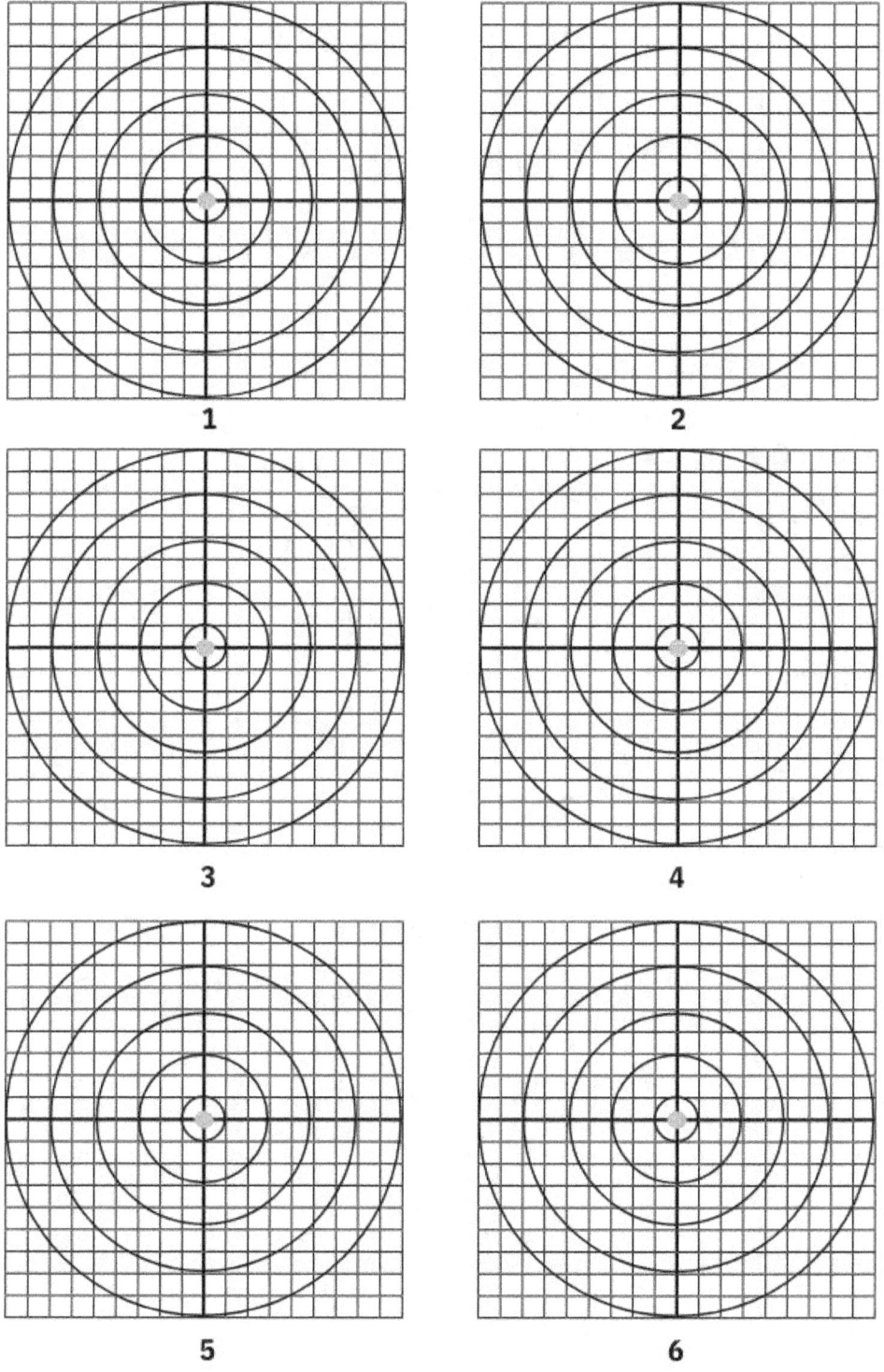

Un'idea regalo perfetta per principianti e professionisti

Libro di bordo per il tiro sportivo

📅 Data: _____   🕐 Tempo: _____

📍 Posizione: _____

Condizioni meteo

☀️ ☐   ☁️ ☐   🌤️ ☐   🌧️ ☐   🌧️ ☐   🌨️ ☐   🚩 _____   🌡️ _____

Arma da fuoco:	
Proiettile:	Profondità di seduta:
Polvere:	Grani:
Primer:	
Ottone:	
Distanza:	

Risultati complessivi

☐ Povero   ☐ Fiera   ☐ Buono   ☐ Eccellente

Note aggiuntive

_____
_____
_____

☆ ☆ ☆ ☆ ☆

Un'idea regalo perfetta per principianti e professionisti

Libro di bordo per il tiro sportivo

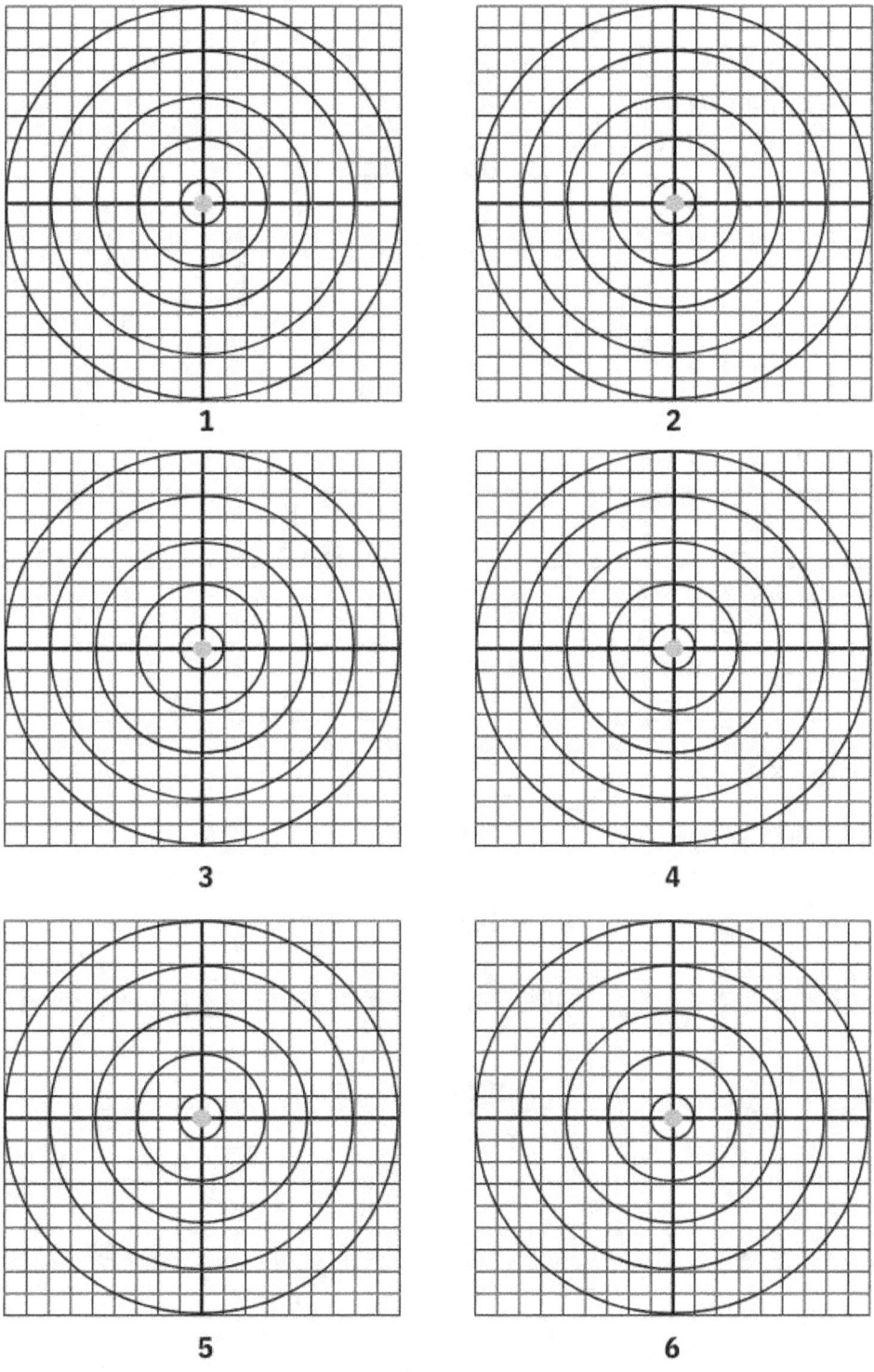

Un'idea regalo perfetta per principianti e professionisti

Libro di bordo per il tiro sportivo

📅 Data: _____   🕐 Tempo: _____

📍 Posizione: _____

Condizioni meteo

☀️ ☐   ⛅ ☐   ☁️ ☐   🌦️ ☐   🌧️ ☐   🌨️ ☐   🚩   🌡️

Arma da fuoco:	
Proiettile:	Profondità di seduta:
Polvere:	Grani:
Primer:	
Ottone:	
Distanza:	

Risultati complessivi

☐ Povero   ☐ Fiera   ☐ Buono   ☐ Eccellente

Note aggiuntive

_____

_____

☆ ☆ ☆ ☆ ☆

Un'idea regalo perfetta per principianti e professionisti

Libro di bordo per il tiro sportivo

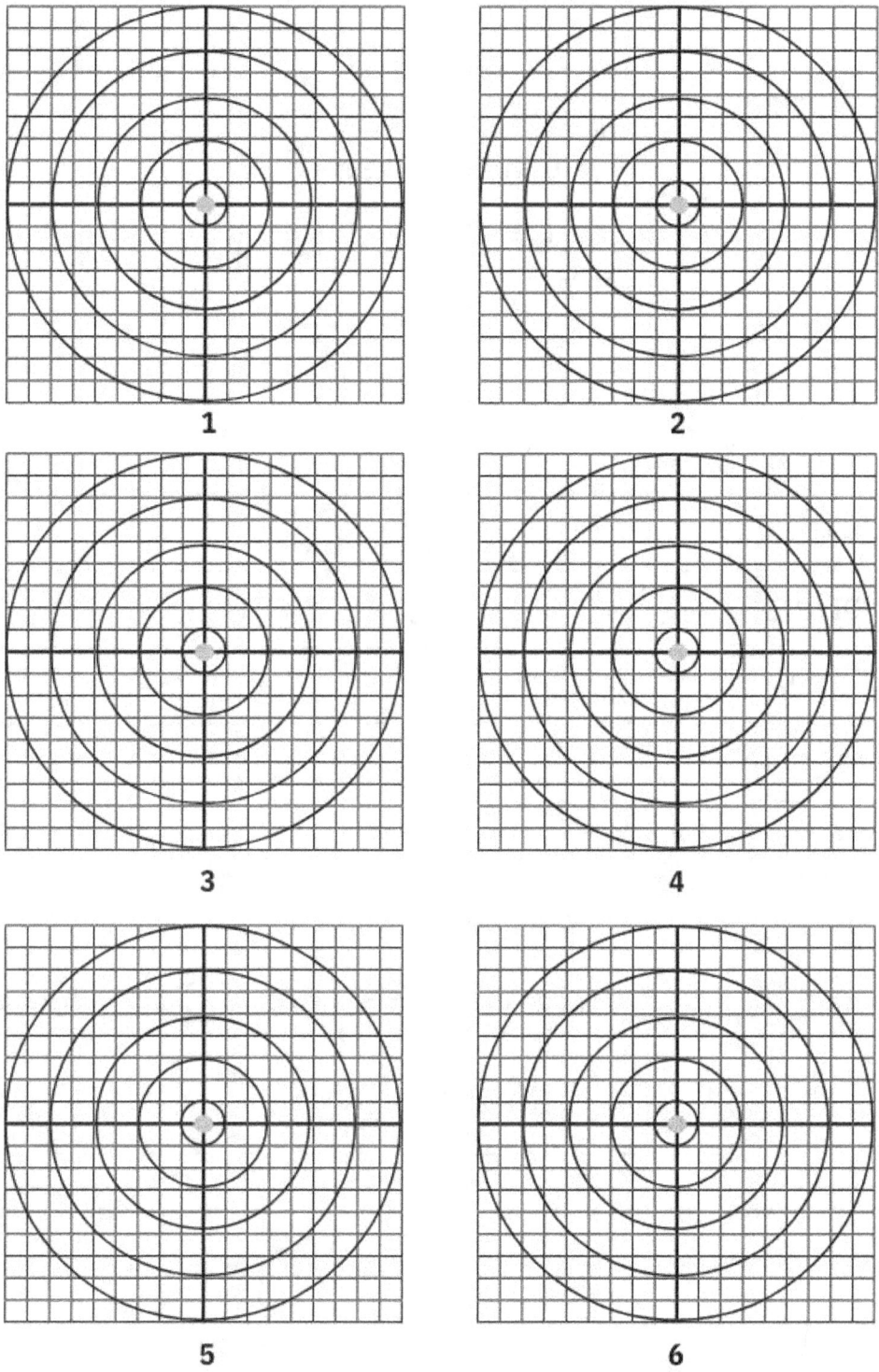

Un'idea regalo perfetta per principianti e professionisti

Libro di bordo per il tiro sportivo

📅 Data: _____ 🕐 Tempo: _____

📍 Posizione: _____

Condizioni meteo

☀ ☁ ⛅ 🌧 🌧 🌨 🚩 🌡
☐ ☐ ☐ ☐ ☐ ☐

Arma da fuoco:	
Proiettile:	Profondità di seduta:
Polvere:	Grani:
Primer:	
Ottone:	
Distanza:	

Risultati complessivi

☐ Povero   ☐ Fiera   ☐ Buono   ☐ Eccellente

Note aggiuntive

_____
_____
_____

☆ ☆ ☆ ☆ ☆

Un'idea regalo perfetta per principianti e professionisti

Libro di bordo per il tiro sportivo

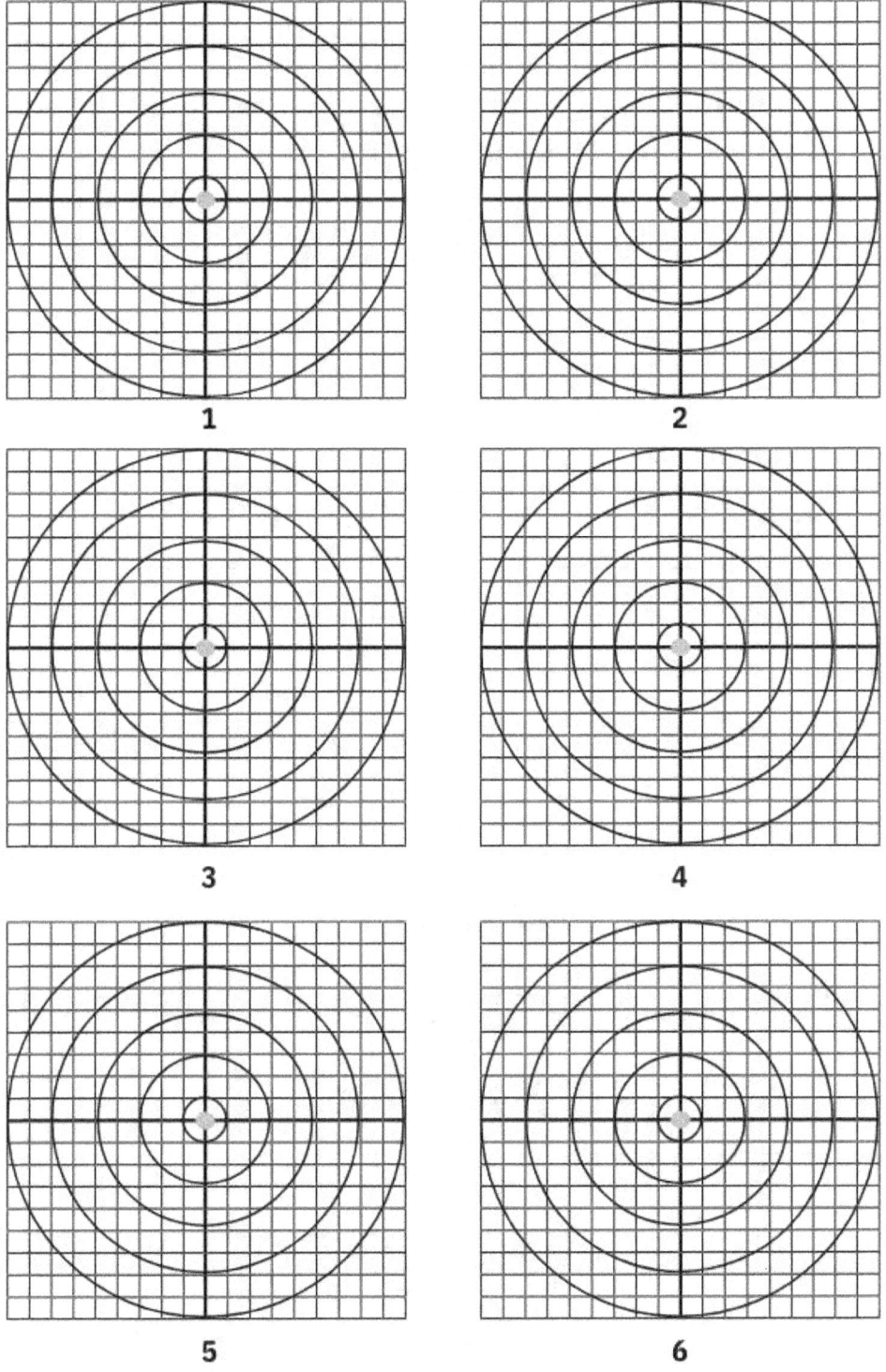

Un'idea regalo perfetta per principianti e professionisti

Libro di bordo per il tiro sportivo

Data: _____   Tempo: _____

Posizione: _____

Condizioni meteo

☐ ☐ ☐ ☐ ☐ ☐

Arma da fuoco:	
Proiettile:	Profondità di seduta:
Polvere:	Grani:
Primer:	
Ottone:	
Distanza:	

Risultati complessivi

☐ Povero   ☐ Fiera   ☐ Buono   ☐ Eccellente

Note aggiuntive

_____

_____

☆ ☆ ☆ ☆ ☆

Un'idea regalo perfetta per principianti e professionisti

Libro di bordo per il tiro sportivo

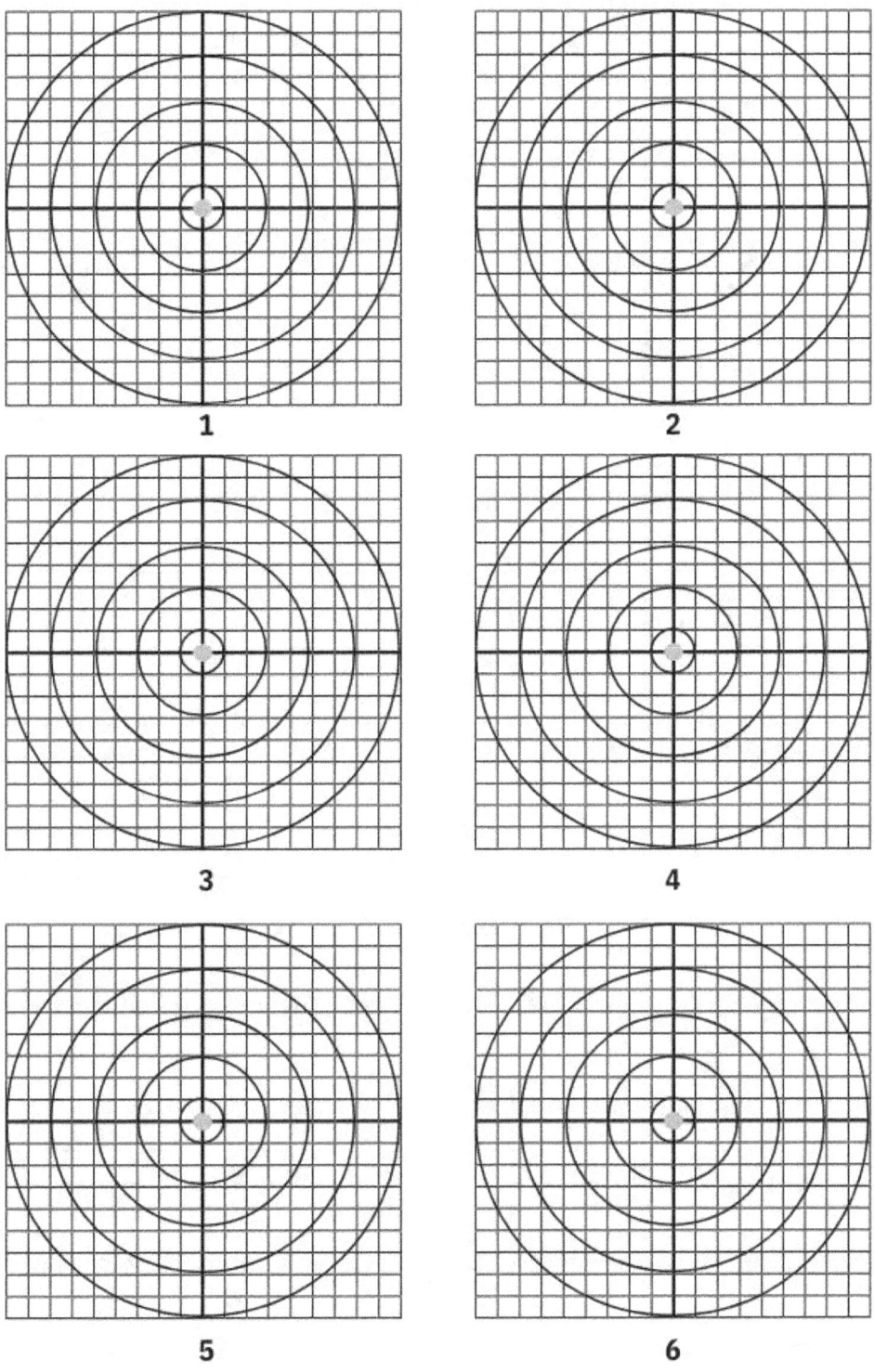

Un'idea regalo perfetta per principianti e professionisti

Libro di bordo per il tiro sportivo

📅 Data: _____   🕐 Tempo: _____

📍 Posizione: _____

Condizioni meteo

☀ ☁ 🌥 🌧 🌧 🌨 🚩 🌡
☐ ☐ ☐ ☐ ☐ ☐ ___ ___

Arma da fuoco:	
Proiettile:	Profondità di seduta:
Polvere:	Grani:
Primer:	
Ottone:	
Distanza:	

Risultati complessivi

☐ Povero   ☐ Fiera   ☐ Buono   ☐ Eccellente

Note aggiuntive

_____

_____

☆ ☆ ☆ ☆ ☆

Un'idea regalo perfetta per principianti e professionisti

Libro di bordo per il tiro sportivo

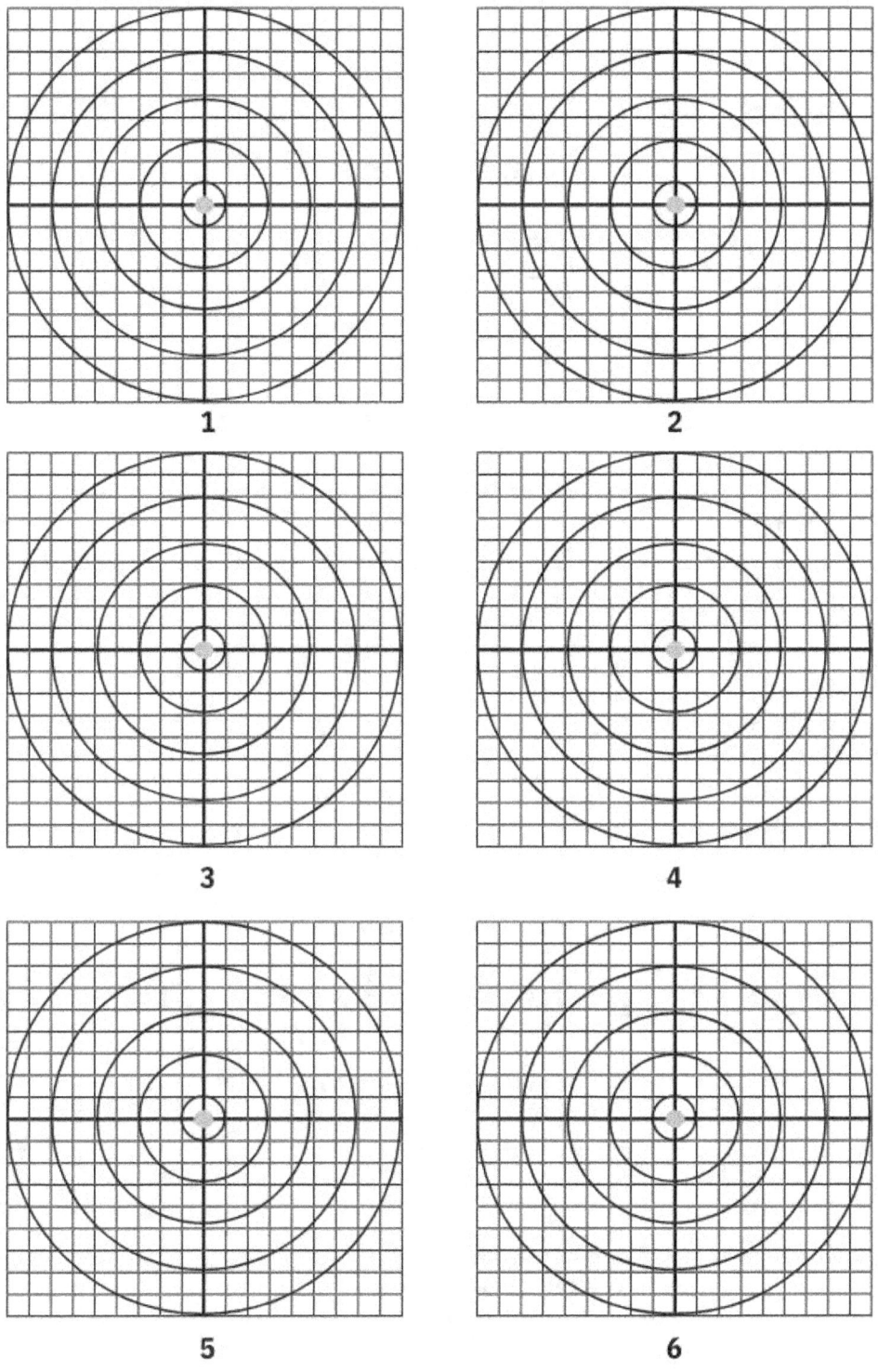

Un'idea regalo perfetta per principianti e professionisti

Libro di bordo per il tiro sportivo

📅 Data: _____   🕐 Tempo: _____

📍 Posizione: _____

Condizioni meteo

☀ ☐   ☁ ☐   ⛅ ☐   🌧 ☐   🌧 ☐   🌨 ☐   🚩   🌡 _____

Arma da fuoco:	
Proiettile:	Profondità di seduta:
Polvere:	Grani:
Primer:	
Ottone:	
Distanza:	

Risultati complessivi

☐ Povero   ☐ Fiera   ☐ Buono   ☐ Eccellente

Note aggiuntive

_____
_____
_____

☆ ☆ ☆ ☆ ☆

Un'idea regalo perfetta per principianti e professionisti

Libro di bordo per il tiro sportivo

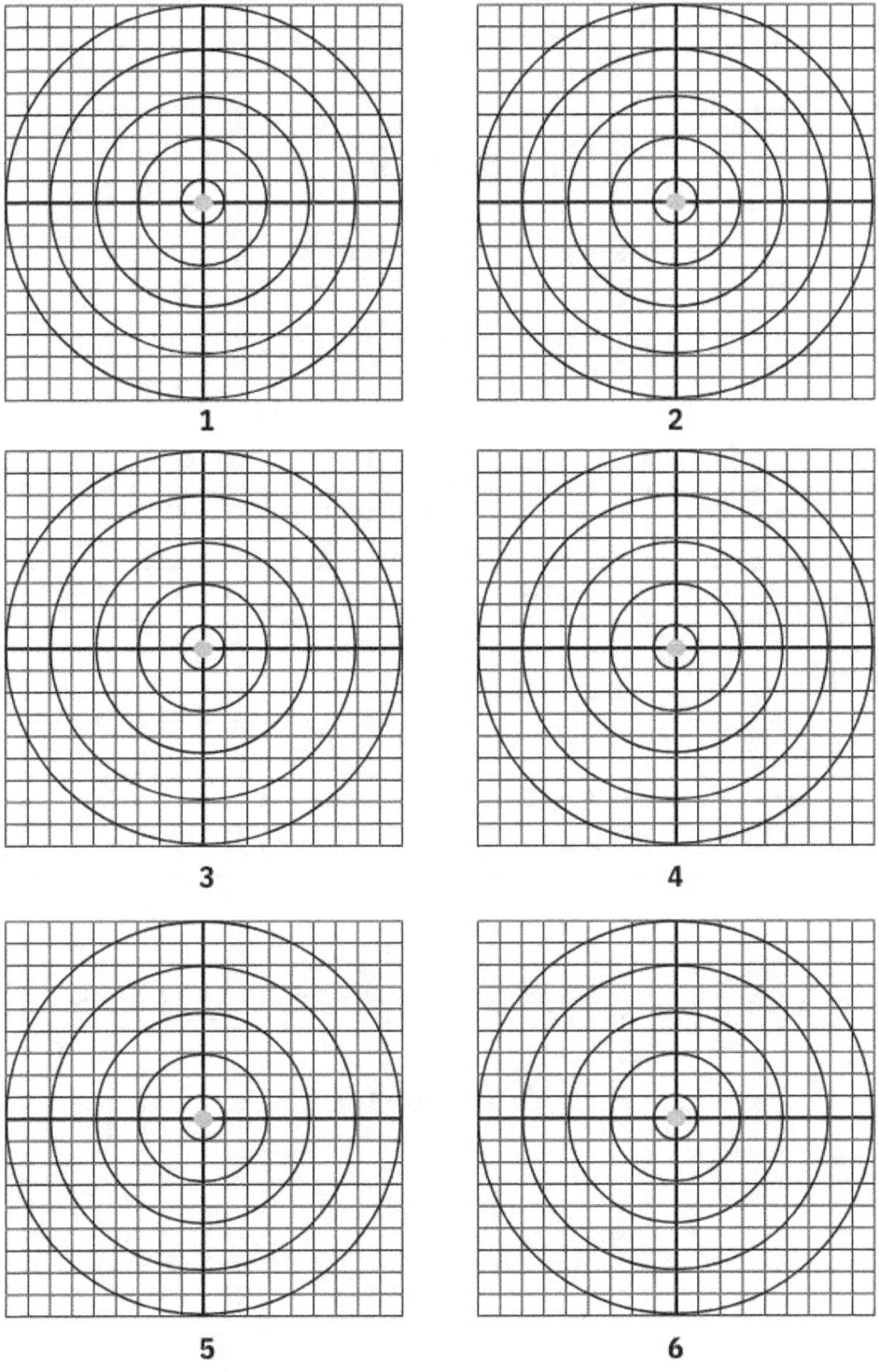

Un'idea regalo perfetta per principianti e professionisti

Libro di bordo per il tiro sportivo

📅 Data: _____   🕐 Tempo: _____

📍 Posizione: _____

Condizioni meteo

☀️ ☁️ ⛅ 🌧️ 🌧️ 🌨️ 🚩 🌡️
☐   ☐   ☐   ☐   ☐   ☐

Arma da fuoco:	
Proiettile:	Profondità di seduta:
Polvere:	Grani:
Primer:	
Ottone:	
Distanza:	

Risultati complessivi

☐ Povero   ☐ Fiera   ☐ Buono   ☐ Eccellente

Note aggiuntive

_____
_____
_____

☆ ☆ ☆ ☆ ☆

Un'idea regalo perfetta per principianti e professionisti

Libro di bordo per il tiro sportivo

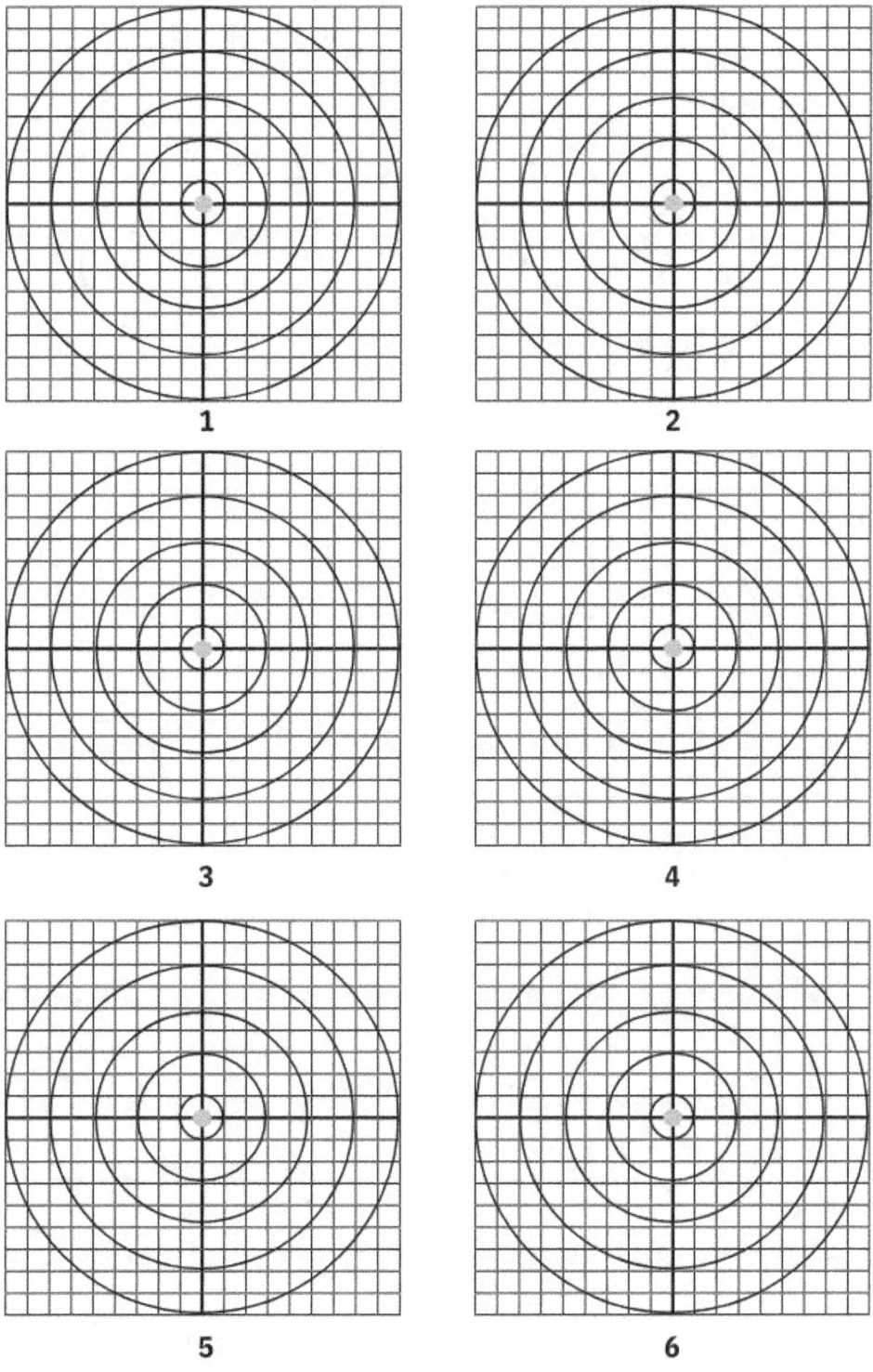

Un'idea regalo perfetta per principianti e professionisti

Libro di bordo per il tiro sportivo

📅 Data: _____ 🕐 Tempo: _____

📍 Posizione: _____

Condizioni meteo

☀️ ⛅ ☁️ 🌧️ 🌧️ 🌨️ 🚩 🌡️
☐   ☐   ☐   ☐   ☐   ☐   ____ ____

Arma da fuoco:	
Proiettile:	Profondità di seduta:
Polvere:	Grani:
Primer:	
Ottone:	
Distanza:	

Risultati complessivi

☐ Povero   ☐ Fiera   ☐ Buono   ☐ Eccellente

Note aggiuntive

_____
_____
_____

☆ ☆ ☆ ☆ ☆

Un'idea regalo perfetta per principianti e professionisti

Libro di bordo per il tiro sportivo

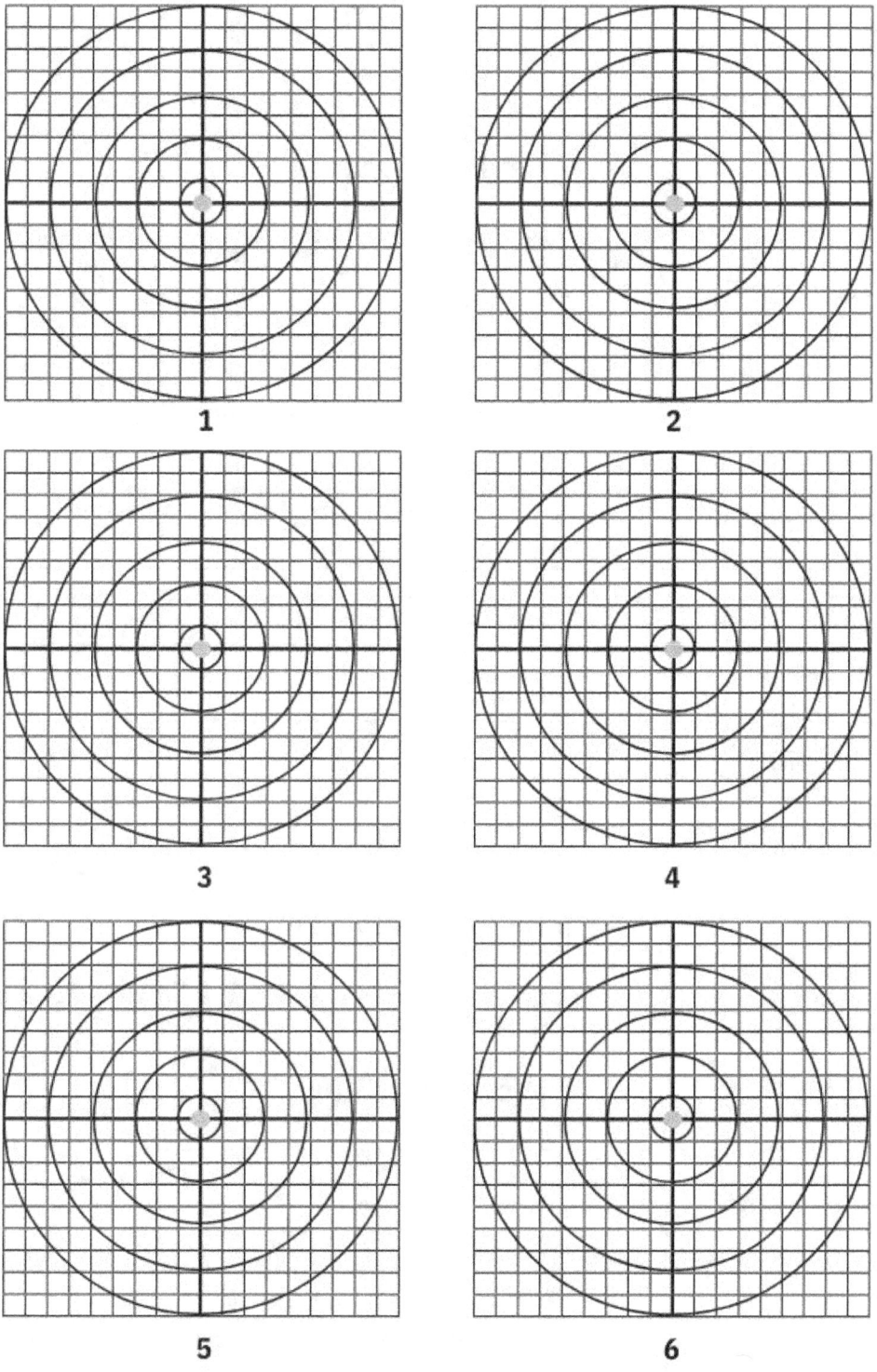

Un'idea regalo perfetta per principianti e professionisti

Libro di bordo per il tiro sportivo

Data: _____ Tempo: _____

Posizione: _____

Condizioni meteo

☐ ☐ ☐ ☐ ☐ ☐

Arma da fuoco:	
Proiettile:	Profondità di seduta:
Polvere:	Grani:
Primer:	
Ottone:	
Distanza:	

Risultati complessivi

☐ Povero   ☐ Fiera   ☐ Buono   ☐ Eccellente

Note aggiuntive

_____
_____
_____

☆ ☆ ☆ ☆ ☆

Un'idea regalo perfetta per principianti e professionisti

Libro di bordo per il tiro sportivo

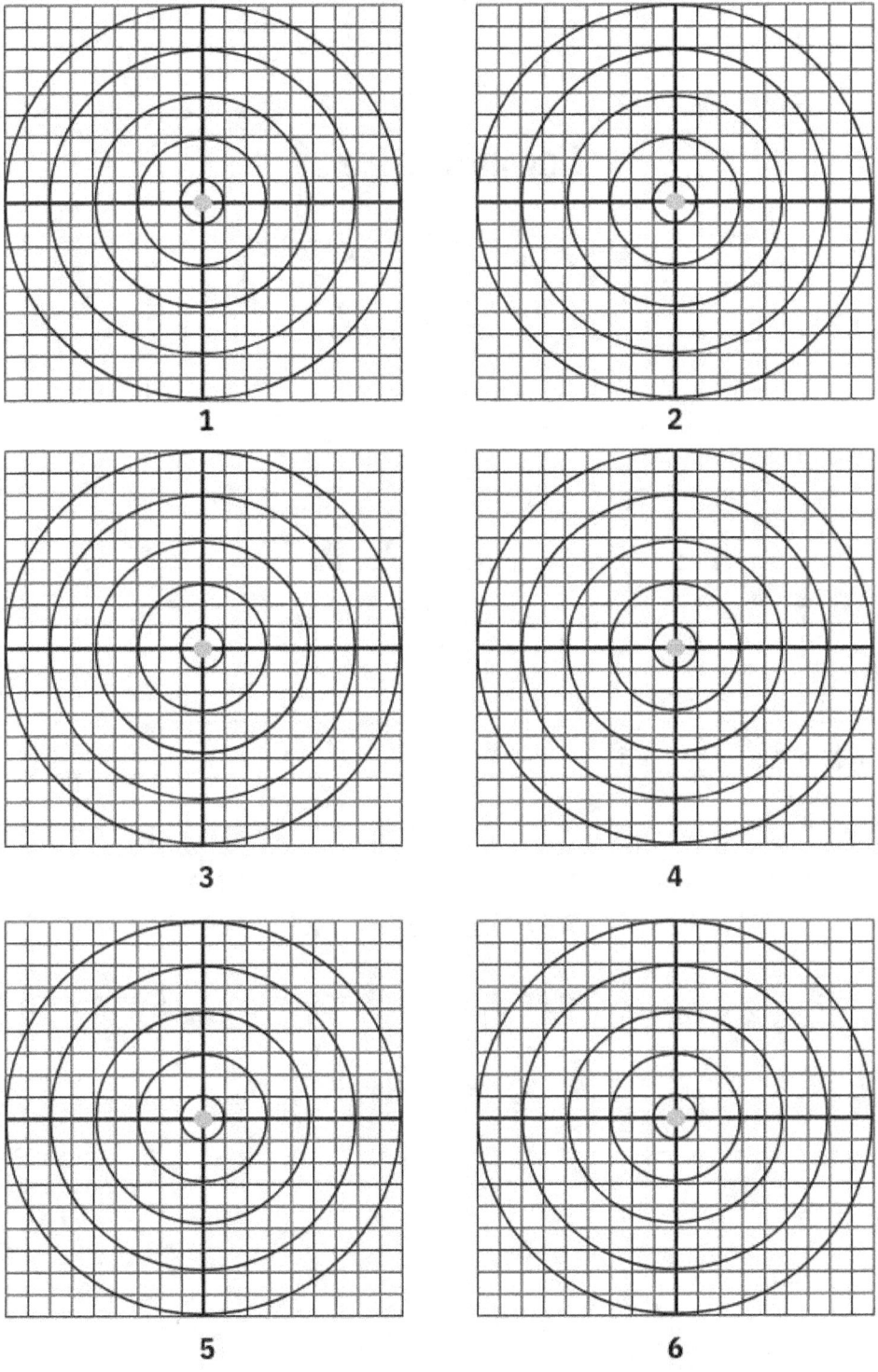

Un'idea regalo perfetta per principianti e professionisti

Libro di bordo per il tiro sportivo

Data: _____ Tempo: _____

Posizione: _____

Condizioni meteo

☀ ☁ ⛅ 🌧 🌧 🌨 ⚑ 🌡
☐ ☐ ☐ ☐ ☐ ☐ _____

Arma da fuoco:	
Proiettile:	Profondità di seduta:
Polvere:	Grani:
Primer:	
Ottone:	
Distanza:	

Risultati complessivi

☐ Povero ☐ Fiera ☐ Buono ☐ Eccellente

Note aggiuntive

_____
_____
_____

☆ ☆ ☆ ☆ ☆

Un'idea regalo perfetta per principianti e professionisti

Libro di bordo per il tiro sportivo

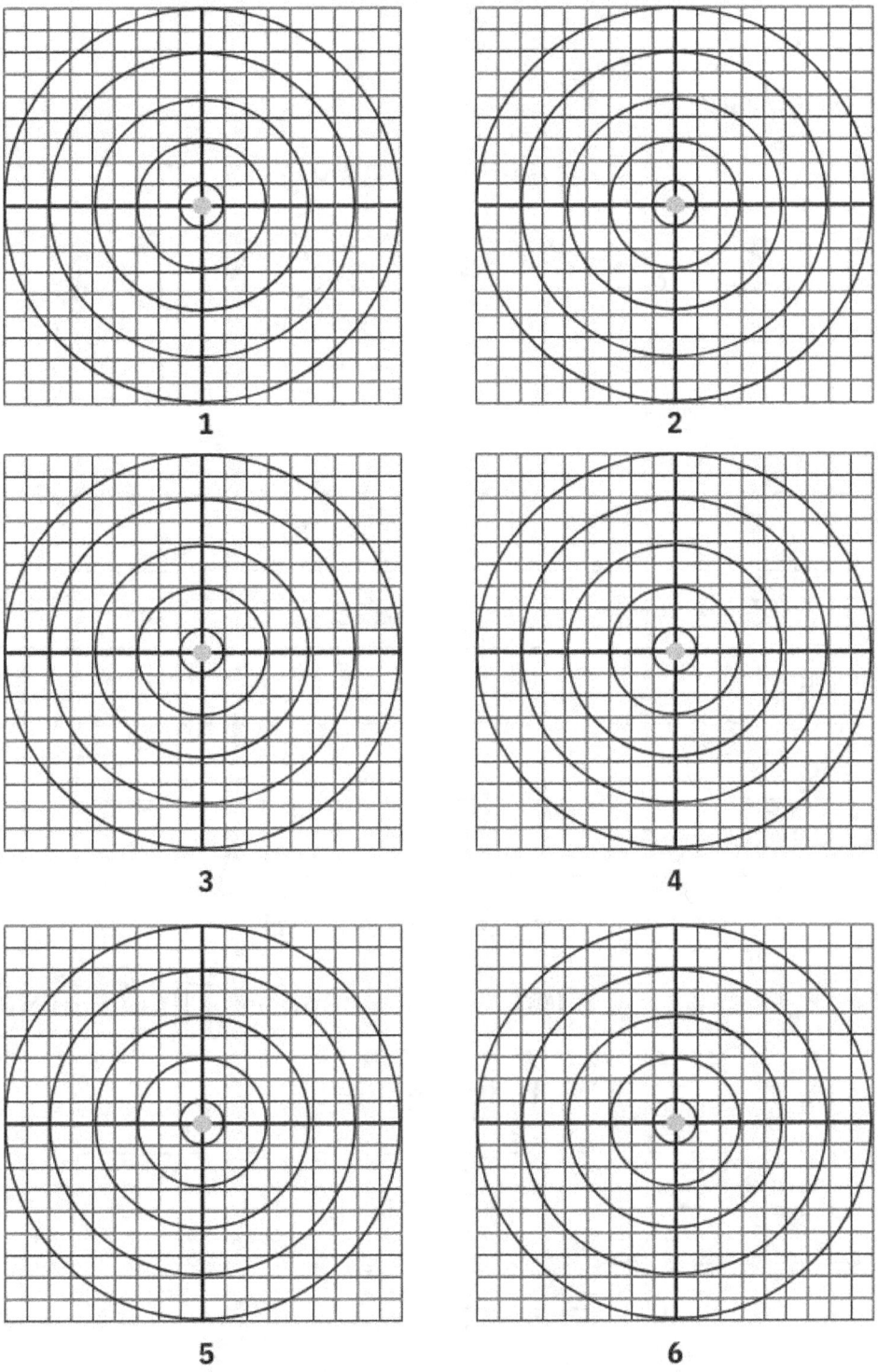

Un'idea regalo perfetta per principianti e professionisti

Libro di bordo per il tiro sportivo

Data: _____ Tempo: _____

Posizione: _____

Condizioni meteo

☀ ☐ ⛅ ☐ 🌥 ☐ 🌦 ☐ 🌧 ☐ 🌨 ☐ 🚩 🌡

Arma da fuoco:	
Proiettile:	Profondità di seduta:
Polvere:	Grani:
Primer:	
Ottone:	
Distanza:	

Risultati complessivi

☐ Povero   ☐ Fiera   ☐ Buono   ☐ Eccellente

Note aggiuntive

_____
_____

☆ ☆ ☆ ☆ ☆

Un'idea regalo perfetta per principianti e professionisti

Libro di bordo per il tiro sportivo

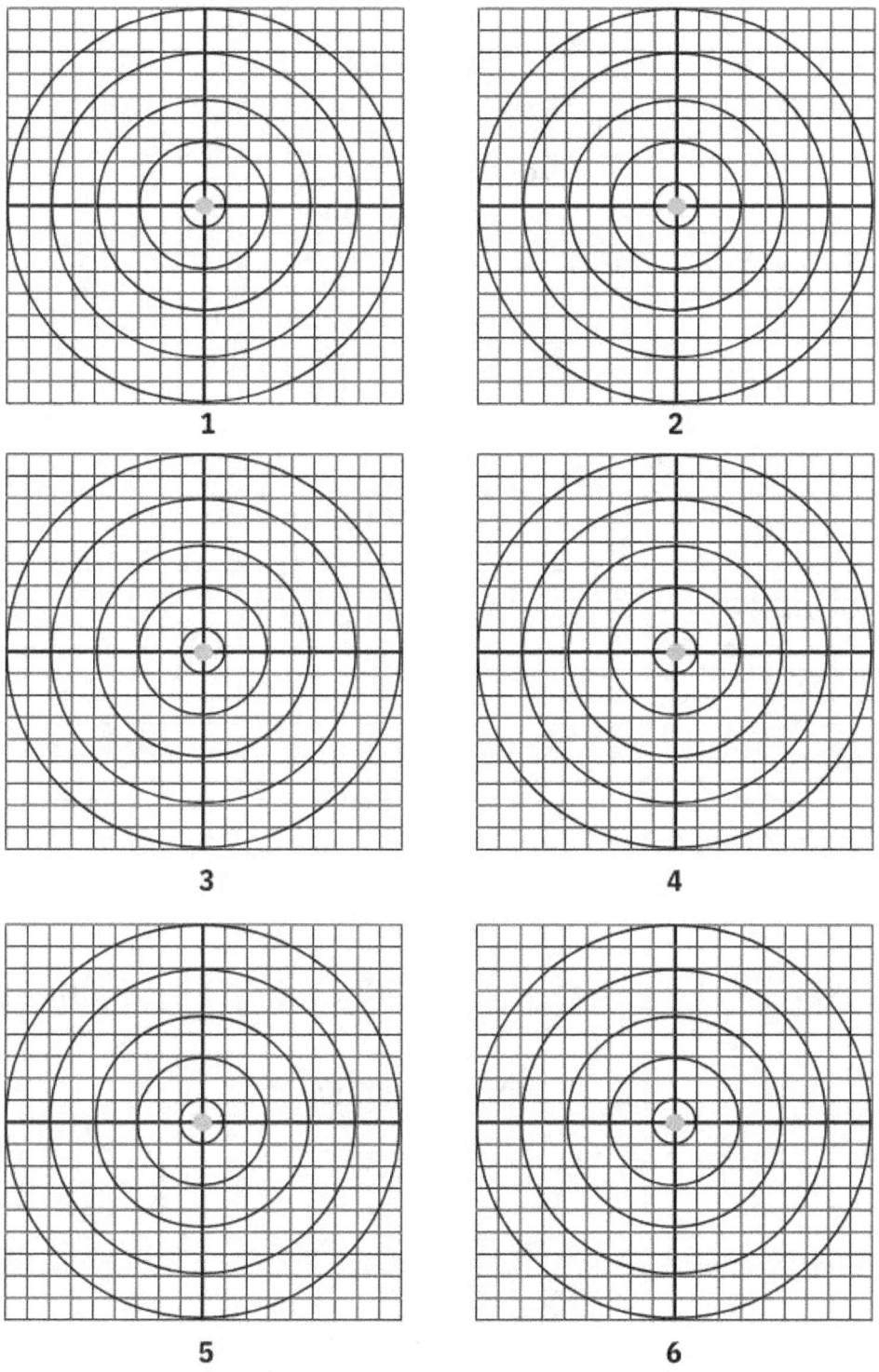

Un'idea regalo perfetta per principianti e professionisti

Libro di bordo per il tiro sportivo

📅 Data: _____ 🕐 Tempo: _____

📍 Posizione: _____

Condizioni meteo

☀️ ☁️ ⛅ 🌧️ 🌧️ 🌨️ 🚩 🌡️
☐ ☐ ☐ ☐ ☐ ☐

Arma da fuoco:		
Proiettile:	Profondità di seduta:	
Polvere:	Grani:	
Primer:		
Ottone:		
Distanza:		

Risultati complessivi

☐ Povero ☐ Fiera ☐ Buono ☐ Eccellente

Note aggiuntive

_____
_____
_____

☆ ☆ ☆ ☆ ☆

Un'idea regalo perfetta per principianti e professionisti

Libro di bordo per il tiro sportivo

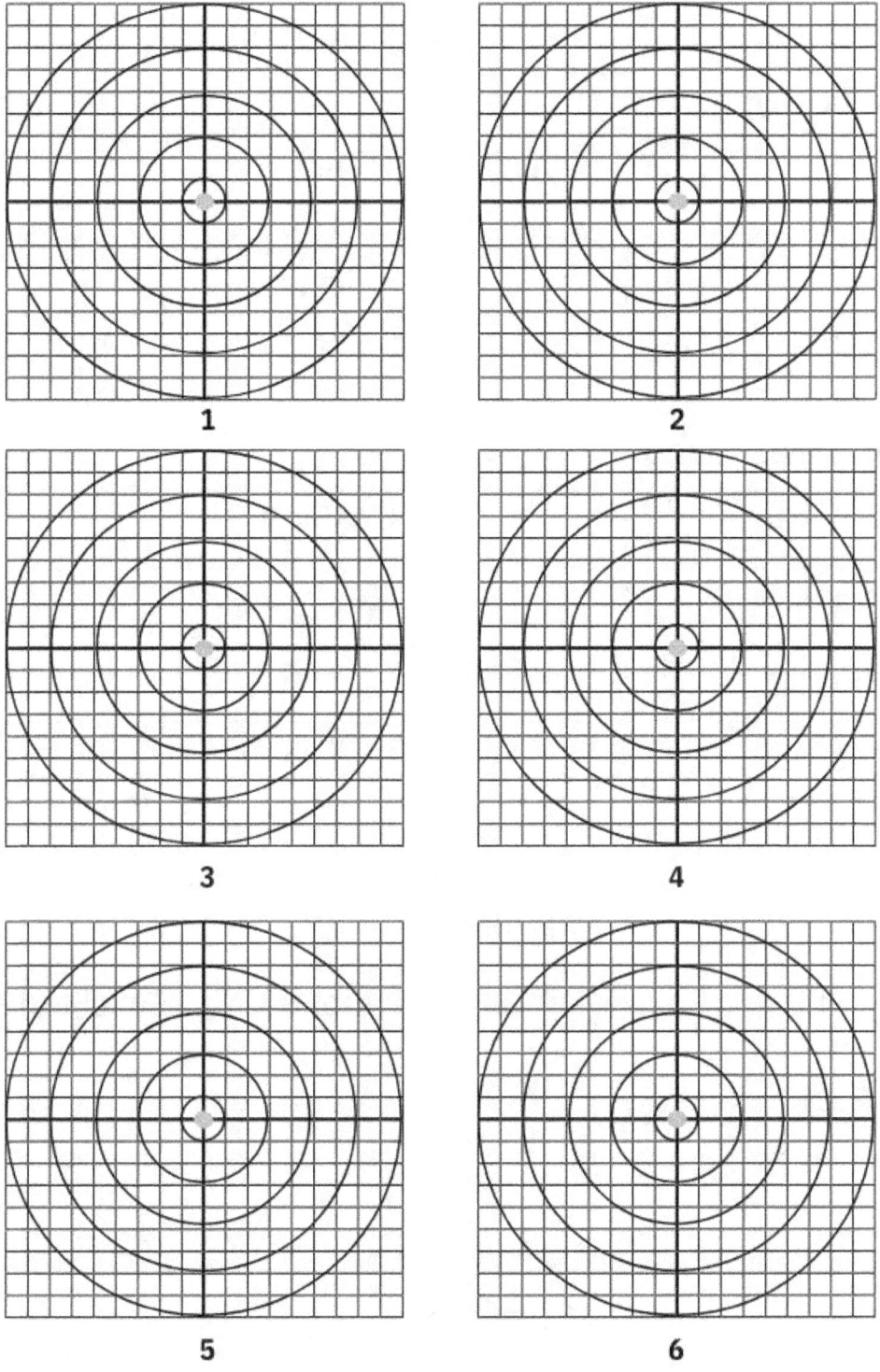

Un'idea regalo perfetta per principianti e professionisti

Libro di bordo per il tiro sportivo

📅 Data: _____   🕐 Tempo: _____

📍 Posizione: _____

Condizioni meteo

☀️ ☁️ ⛅ 🌧️ 🌧️ 🌨️ 🚩 🌡️
☐   ☐   ☐   ☐   ☐   ☐

Arma da fuoco:	
Proiettile:	Profondità di seduta:
Polvere:	Grani:
Primer:	
Ottone:	
Distanza:	

Risultati complessivi

☐ Povero   ☐ Fiera   ☐ Buono   ☐ Eccellente

Note aggiuntive

_____

_____

_____

☆ ☆ ☆ ☆ ☆

Un'idea regalo perfetta per principianti e professionisti

Libro di bordo per il tiro sportivo

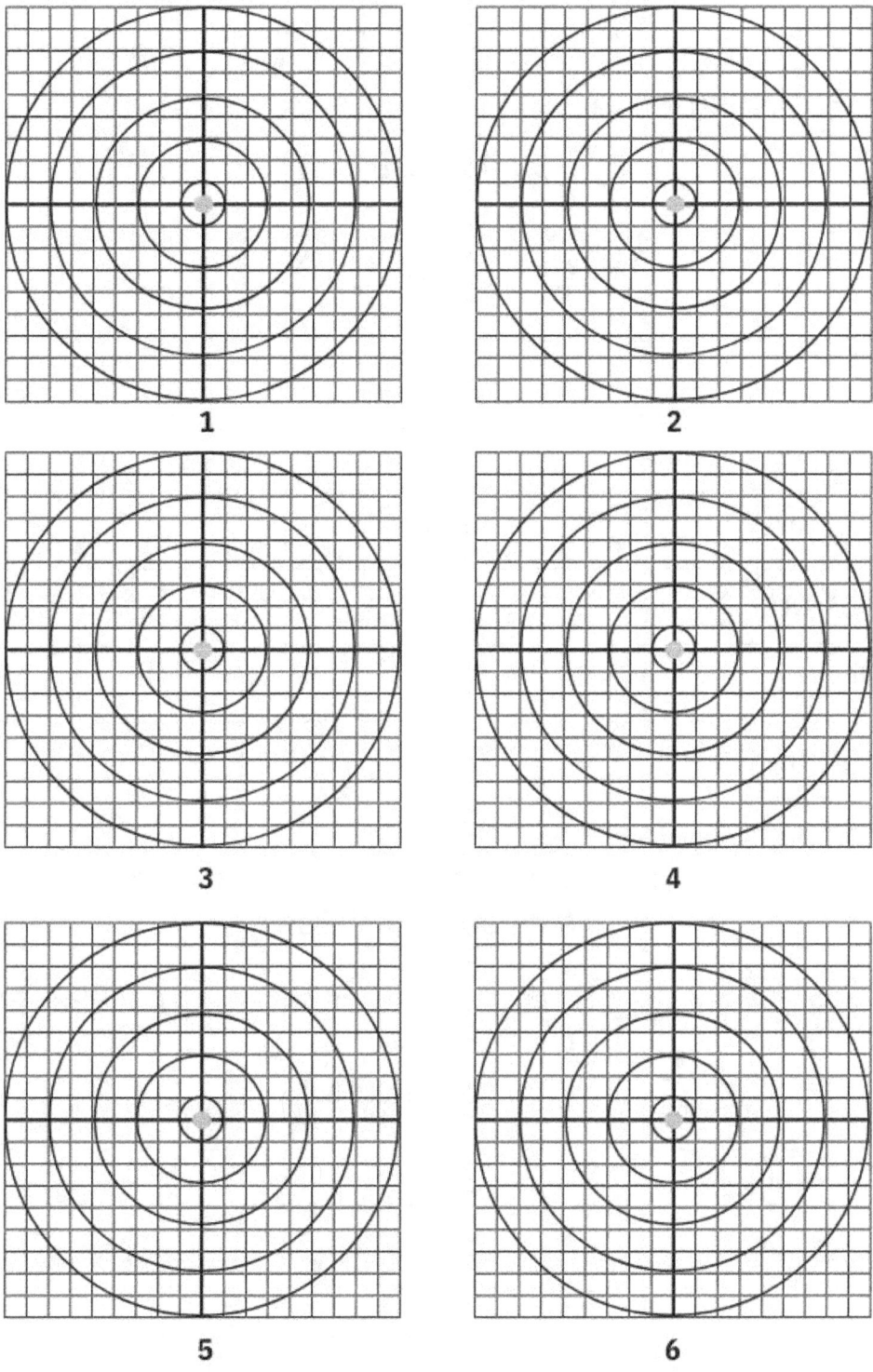

Un'idea regalo perfetta per principianti e professionisti

Libro di bordo per il tiro sportivo

Data: _____   Tempo: _____

Posizione: _____

Condizioni meteo

☀ ☐   ⛅ ☐   🌥 ☐   🌧 ☐   🌧 ☐   🌨 ☐   🚩 _____   🌡 _____

Arma da fuoco:	
Proiettile:	Profondità di seduta:
Polvere:	Grani:
Primer:	
Ottone:	
Distanza:	

Risultati complessivi

☐ Povero   ☐ Fiera   ☐ Buono   ☐ Eccellente

Note aggiuntive

_____

_____

_____

☆ ☆ ☆ ☆ ☆

Un'idea regalo perfetta per principianti e professionisti

Libro di bordo per il tiro sportivo

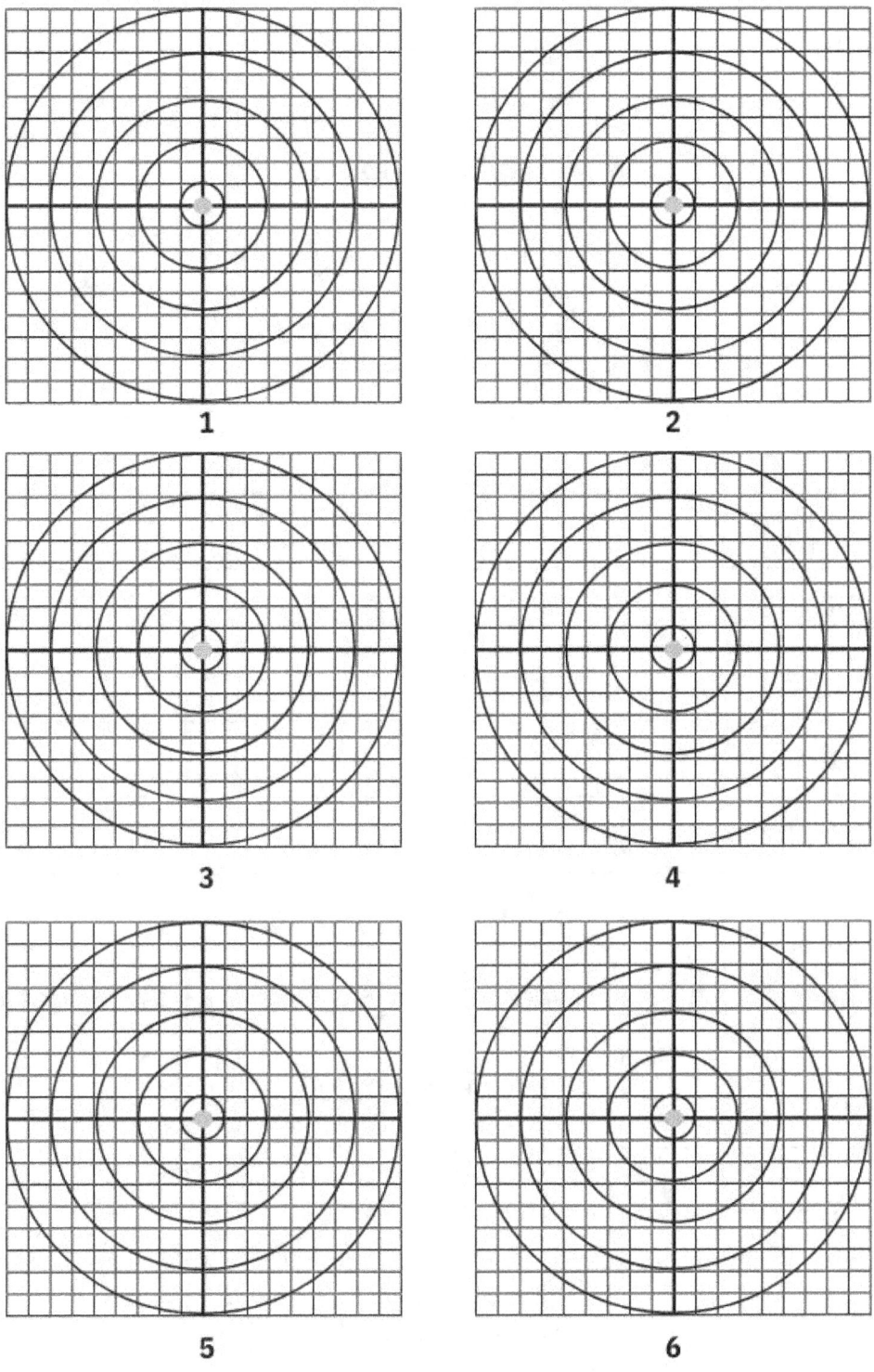

Un'idea regalo perfetta per principianti e professionisti

Libro di bordo per il tiro sportivo

📅 Data: _____   🕐 Tempo: _____

📍 Posizione: _____

Condizioni meteo

☀ ☁ 🌤 🌧 🌧 🌨 🚩 🌡
☐ ☐ ☐ ☐ ☐ ☐ ____ ____

Arma da fuoco:	
Proiettile:	Profondità di seduta:
Polvere:	Grani:
Primer:	
Ottone:	
Distanza:	

Risultati complessivi

☐ Povero   ☐ Fiera   ☐ Buono   ☐ Eccellente

Note aggiuntive

_____
_____
_____

☆ ☆ ☆ ☆ ☆

Un'idea regalo perfetta per principianti e professionisti

Libro di bordo per il tiro sportivo

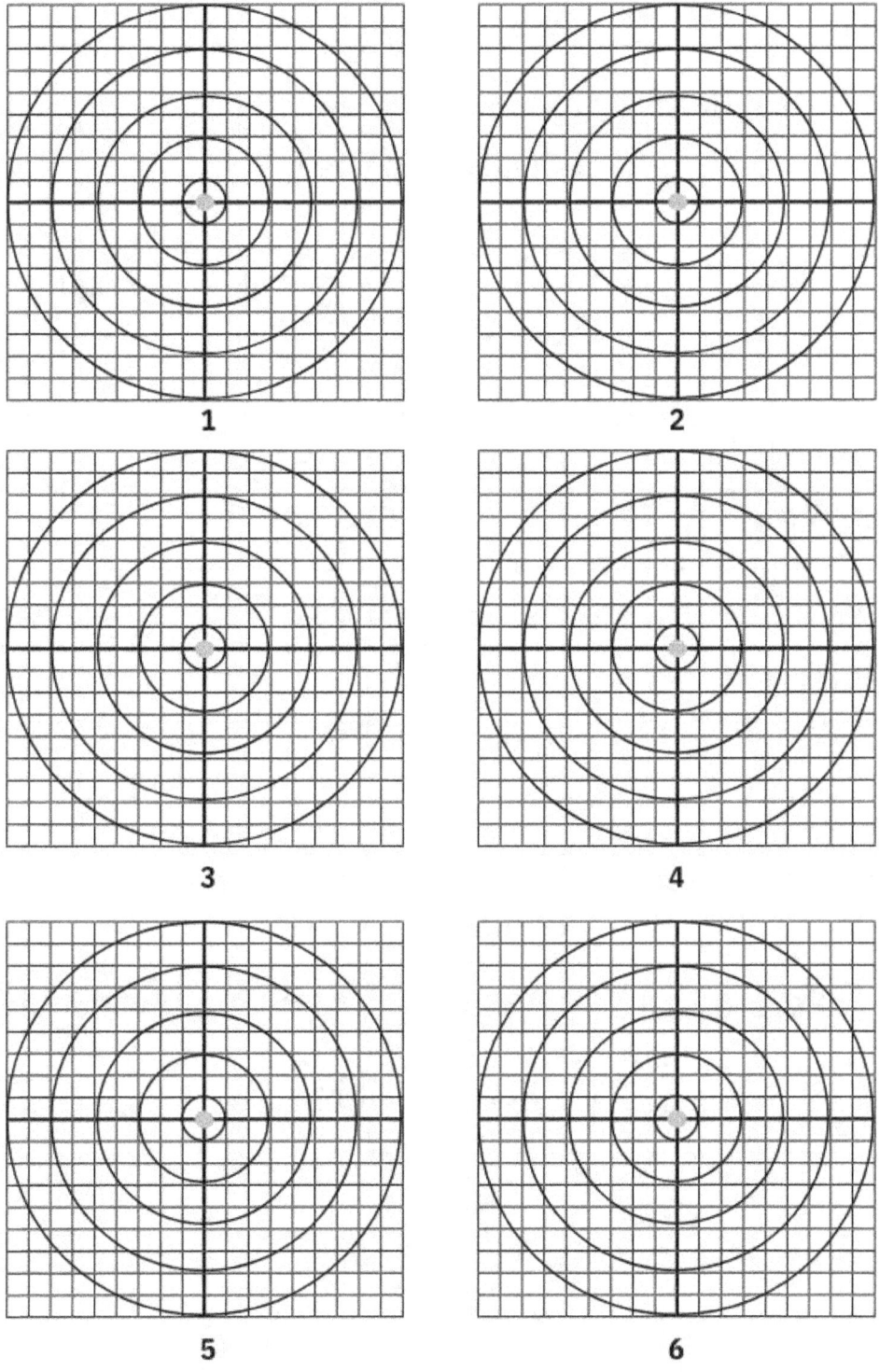

Un'idea regalo perfetta per principianti e professionisti

Libro di bordo per il tiro sportivo

📅 Data: _____ 🕐 Tempo: _____

📍 Posizione: _____

Condizioni meteo

☀️ ☁️ ⛅ 🌧️ 🌧️ 🌨️ 🚩 🌡️
☐ ☐ ☐ ☐ ☐ ☐   _____ _____

Arma da fuoco:	
Proiettile:	Profondità di seduta:
Polvere:	Grani:
Primer:	
Ottone:	
Distanza:	

Risultati complessivi

☐ Povero ☐ Fiera ☐ Buono ☐ Eccellente

Note aggiuntive

_____

_____

_____

☆ ☆ ☆ ☆ ☆

Un'idea regalo perfetta per principianti e professionisti

Libro di bordo per il tiro sportivo

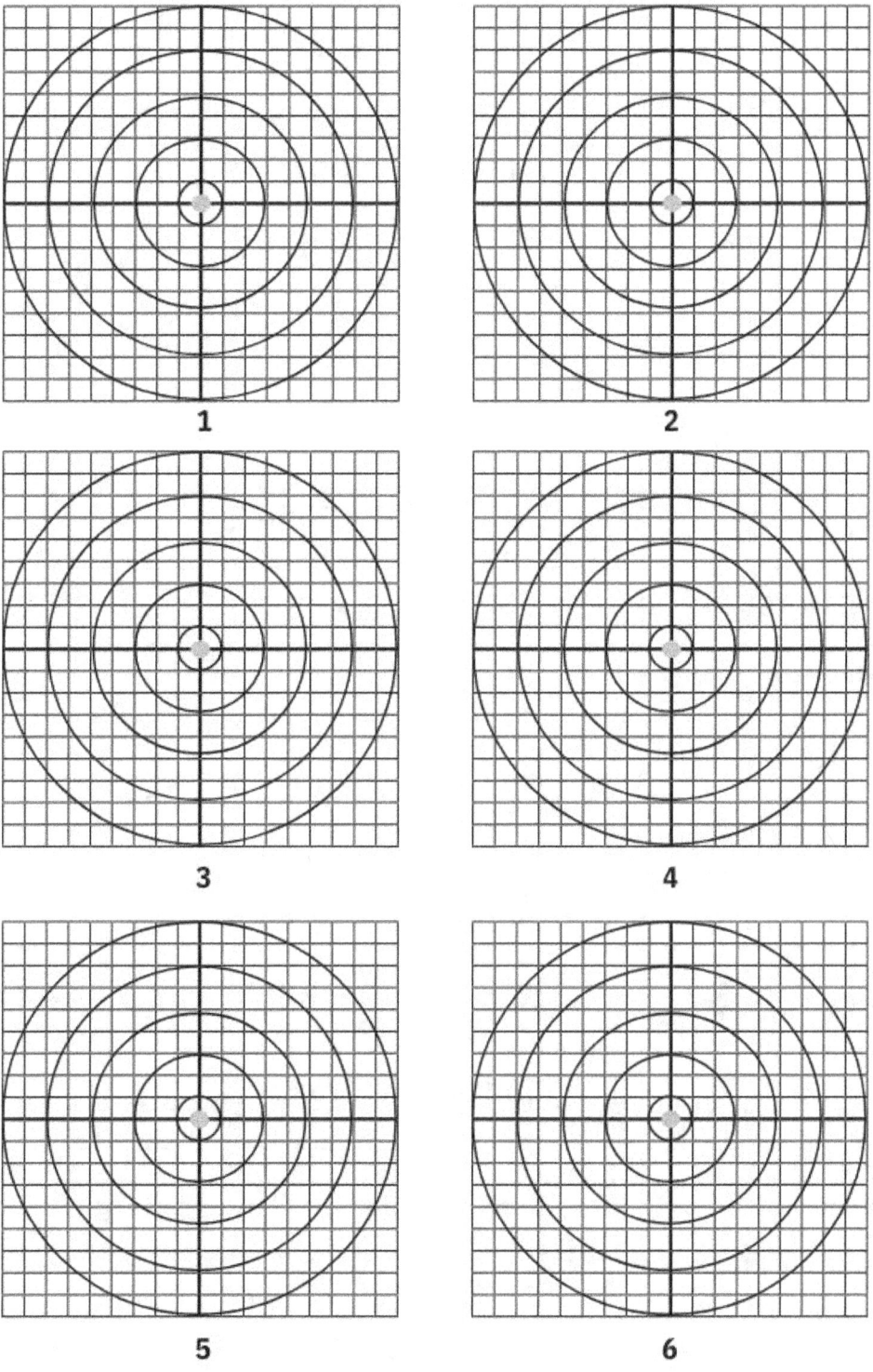

Un'idea regalo perfetta per principianti e professionisti

Libro di bordo per il tiro sportivo

📅 Data: _____ 🕐 Tempo: _____

📍 Posizione: _____

Condizioni meteo

☐ ☀️ ☐ ⛅ ☐ 🌥 ☐ 🌧 ☐ 🌧 ☐ 🌨 🚩 _____ 🌡 _____

Arma da fuoco:	
Proiettile:	Profondità di seduta:
Polvere:	Grani:
Primer:	
Ottone:	
Distanza:	

Risultati complessivi

☐ Povero ☐ Fiera ☐ Buono ☐ Eccellente

Note aggiuntive

_____

_____

_____

☆ ☆ ☆ ☆ ☆

Un'idea regalo perfetta per principianti e professionisti

Libro di bordo per il tiro sportivo

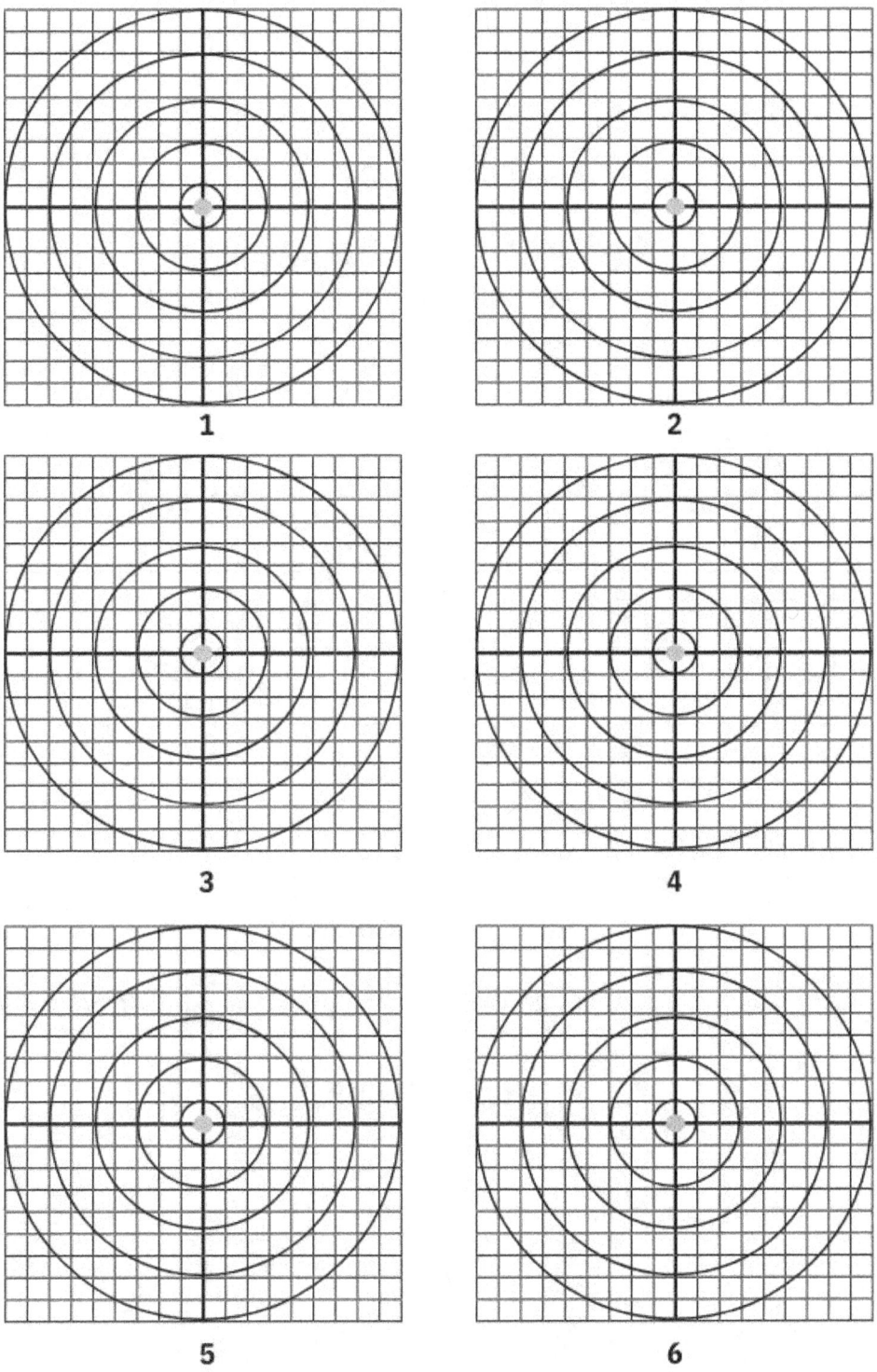

Un'idea regalo perfetta per principianti e professionisti

Libro di bordo per il tiro sportivo

📅 Data: _____   🕐 Tempo: _____

📍 Posizione: _____

Condizioni meteo

☀️ ☐   ⛅ ☐   ☁️ ☐   🌦️ ☐   🌧️ ☐   🌨️ ☐   🚩 _____   🌡️ _____

Arma da fuoco:	
Proiettile:	Profondità di seduta:
Polvere:	Grani:
Primer:	
Ottone:	
Distanza:	

Risultati complessivi

☐ Povero   ☐ Fiera   ☐ Buono   ☐ Eccellente

Note aggiuntive

_____

_____

_____

☆ ☆ ☆ ☆ ☆

Un'idea regalo perfetta per principianti e professionisti

Libro di bordo per il tiro sportivo

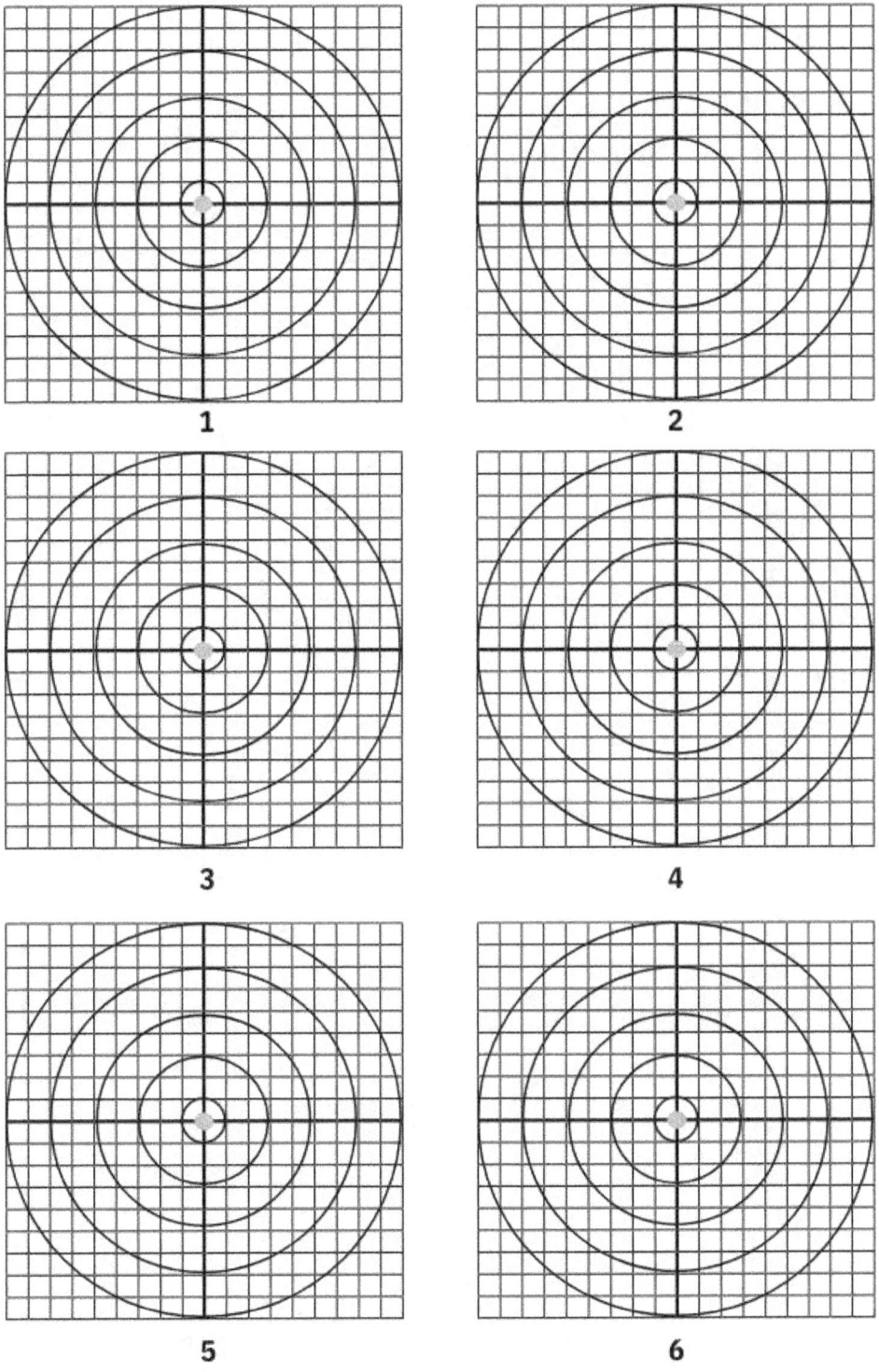

Un'idea regalo perfetta per principianti e professionisti

Libro di bordo per il tiro sportivo

📅 Data: _____   🕐 Tempo: _____

📍 Posizione: _____

Condizioni meteo

☀ ☐   ☁ ☐   ⛅ ☐   🌧 ☐   🌧 ☐   🌨 ☐   🚩 _____   🌡 _____

Arma da fuoco:	
Proiettile:	Profondità di seduta:
Polvere:	Grani:
Primer:	
Ottone:	
Distanza:	

Risultati complessivi

☐ Povero   ☐ Fiera   ☐ Buono   ☐ Eccellente

Note aggiuntive

_____

_____

_____

☆ ☆ ☆ ☆ ☆

Un'idea regalo perfetta per principianti e professionisti

Libro di bordo per il tiro sportivo

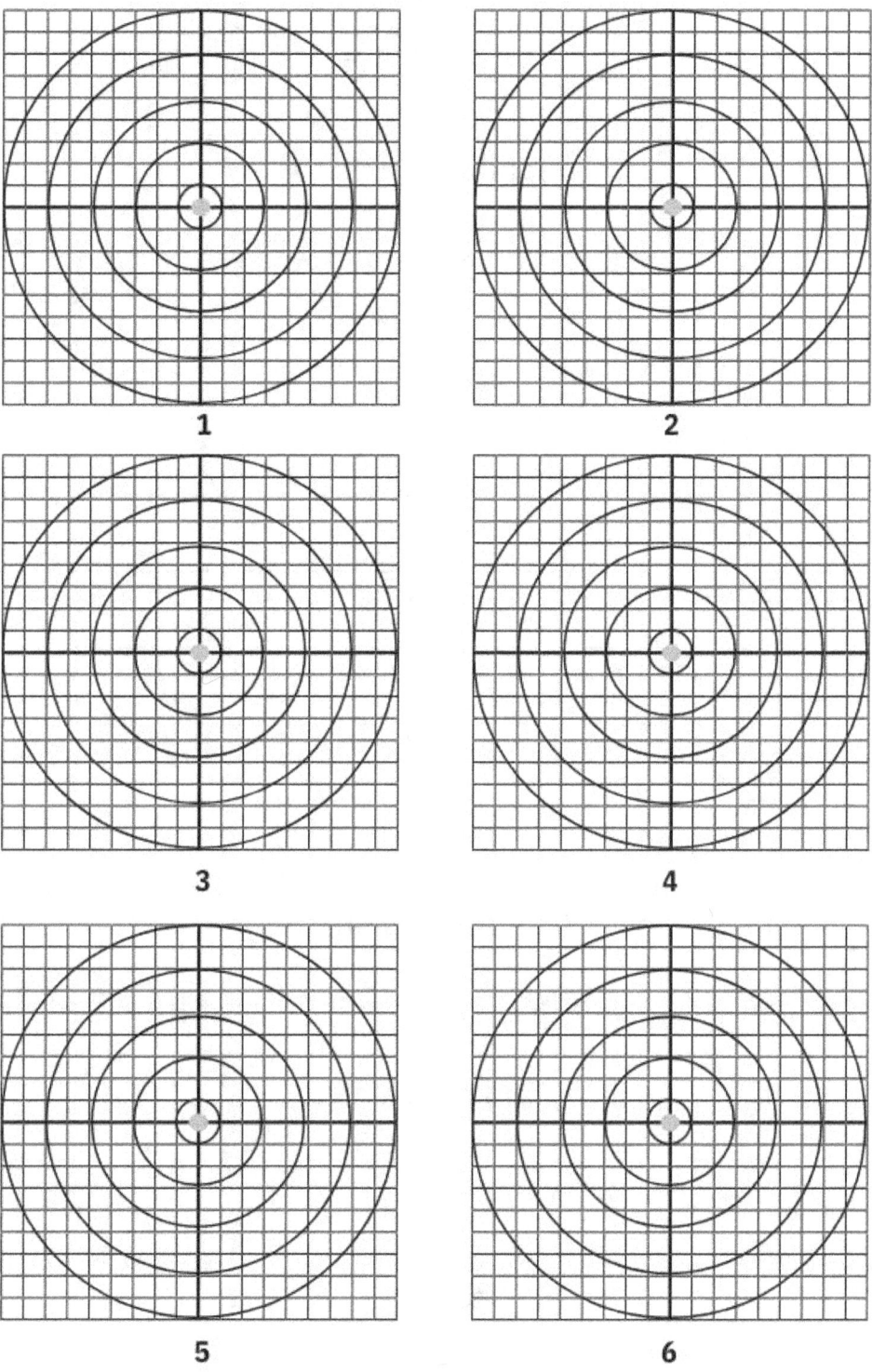

Un'idea regalo perfetta per principianti e professionisti

Libro di bordo per il tiro sportivo

📅 Data: _____ 🕐 Tempo: _____

📍 Posizione: _____

Condizioni meteo

☀ ☐ ⛅ ☐ 🌥 ☐ 🌧 ☐ 🌧 ☐ 🌨 ☐ 🚩 🌡

Arma da fuoco:		
Proiettile:	Profondità di seduta:	
Polvere:	Grani:	
Primer:		
Ottone:		
Distanza:		

Risultati complessivi

☐ Povero   ☐ Fiera   ☐ Buono   ☐ Eccellente

Note aggiuntive

_____

_____

☆ ☆ ☆ ☆ ☆

Un'idea regalo perfetta per principianti e professionisti

Libro di bordo per il tiro sportivo

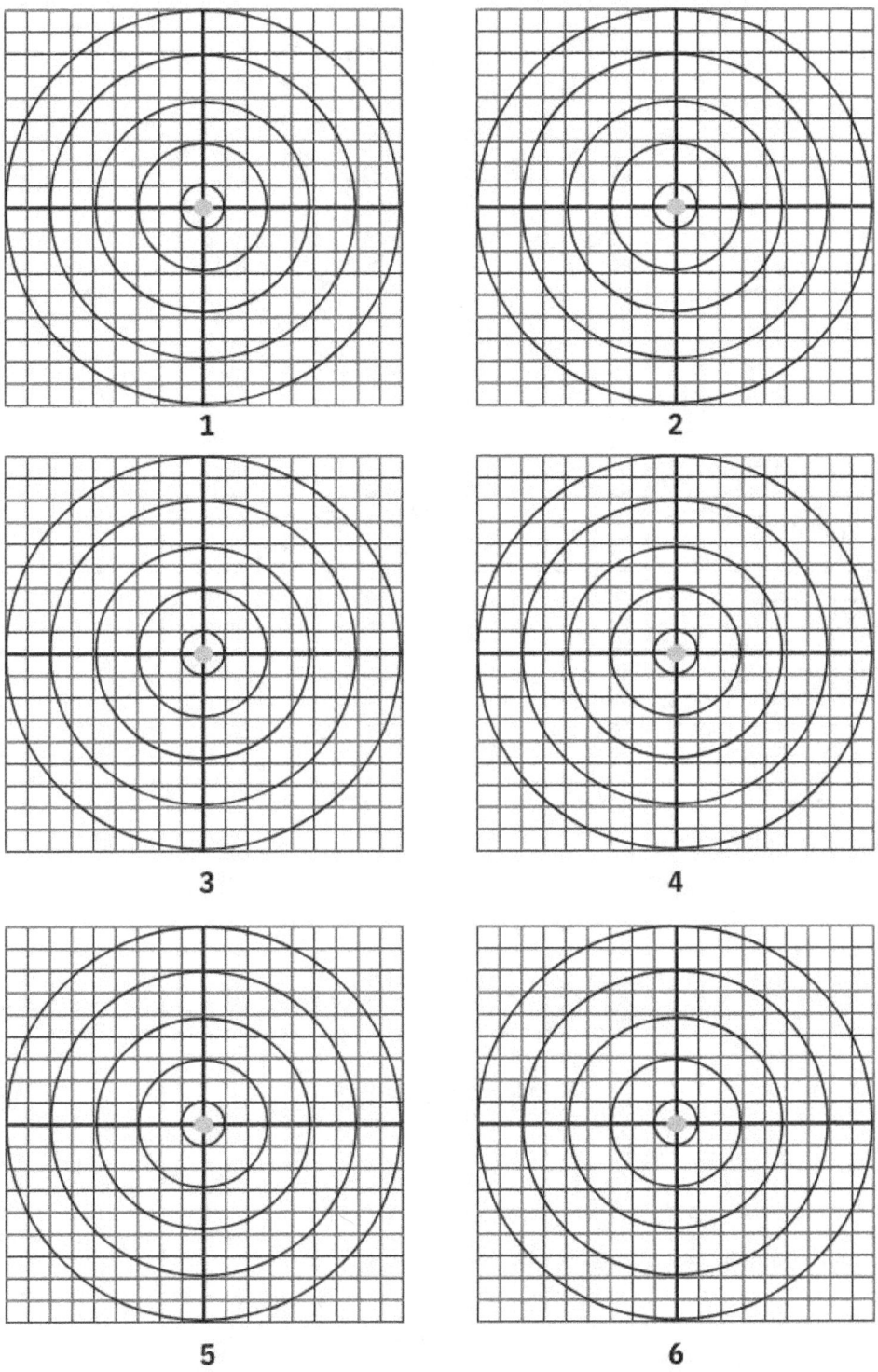

Un'idea regalo perfetta per principianti e professionisti

Libro di bordo per il tiro sportivo

📅 Data: _____ 🕐 Tempo: _____

📍 Posizione: _____

Condizioni meteo

☀️ ⛅ ☁️ 🌧️ 🌧️ 🌨️ 🚩 🌡️
☐   ☐   ☐   ☐   ☐   ☐   _____ _____

Arma da fuoco:	
Proiettile:	Profondità di seduta:
Polvere:	Grani:
Primer:	
Ottone:	
Distanza:	

Risultati complessivi

☐ Povero   ☐ Fiera   ☐ Buono   ☐ Eccellente

Note aggiuntive

_____

_____

_____

☆ ☆ ☆ ☆ ☆

Un'idea regalo perfetta per principianti e professionisti

Libro di bordo per il tiro sportivo

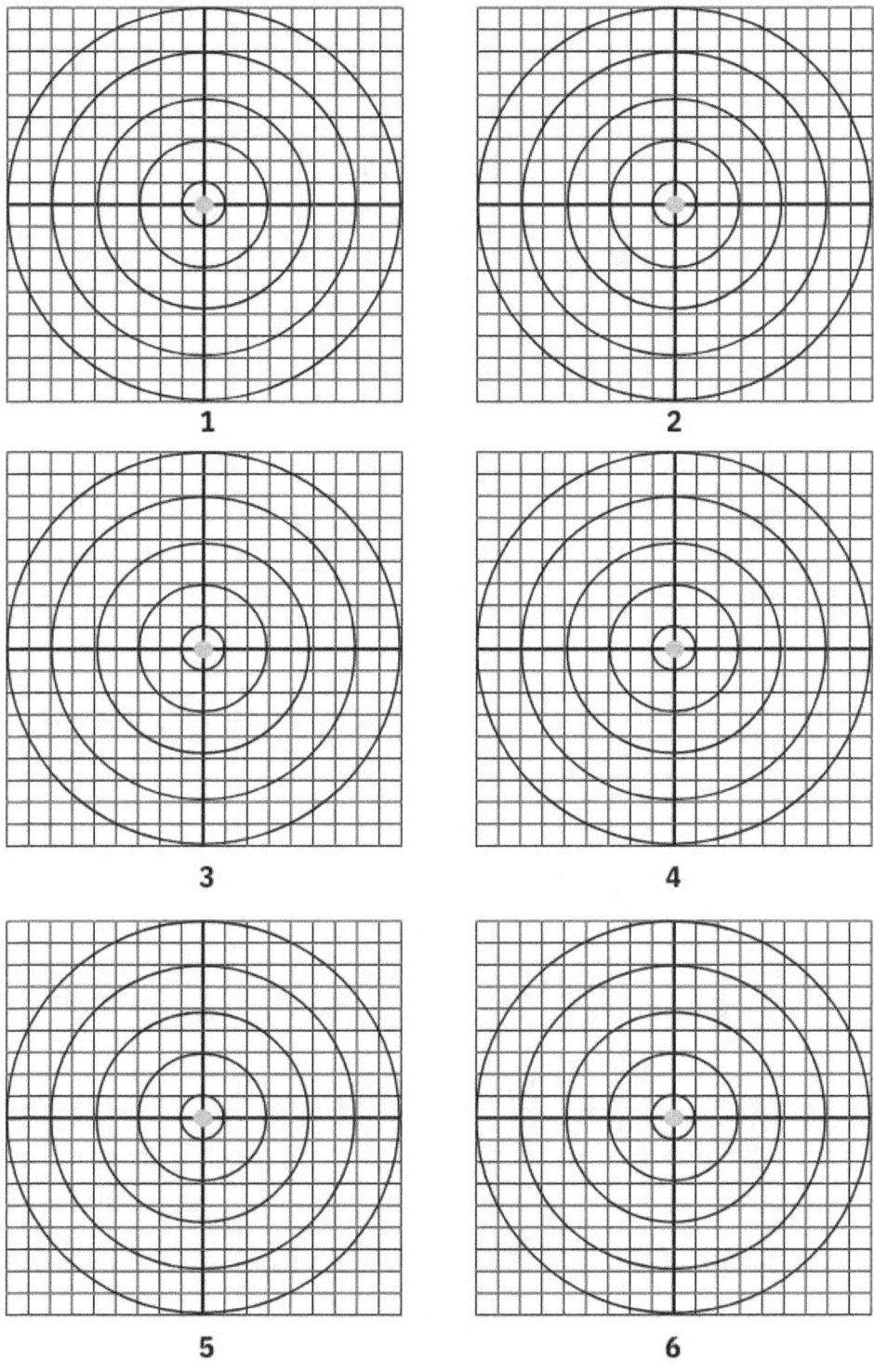

Un'idea regalo perfetta per principianti e professionisti

Libro di bordo per il tiro sportivo

📅 Data: _____ 🕐 Tempo: _____

📍 Posizione: _____

Condizioni meteo

☀ ☁ ⛅ 🌧 🌧 ❄ 🚩 🌡
☐ ☐ ☐ ☐ ☐ ☐ ____ ____

Arma da fuoco:	
Proiettile:	Profondità di seduta:
Polvere:	Grani:
Primer:	
Ottone:	
Distanza:	

Risultati complessivi

☐ Povero   ☐ Fiera   ☐ Buono   ☐ Eccellente

Note aggiuntive

_____
_____
_____

☆ ☆ ☆ ☆ ☆

Un'idea regalo perfetta per principianti e professionisti

Libro di bordo per il tiro sportivo

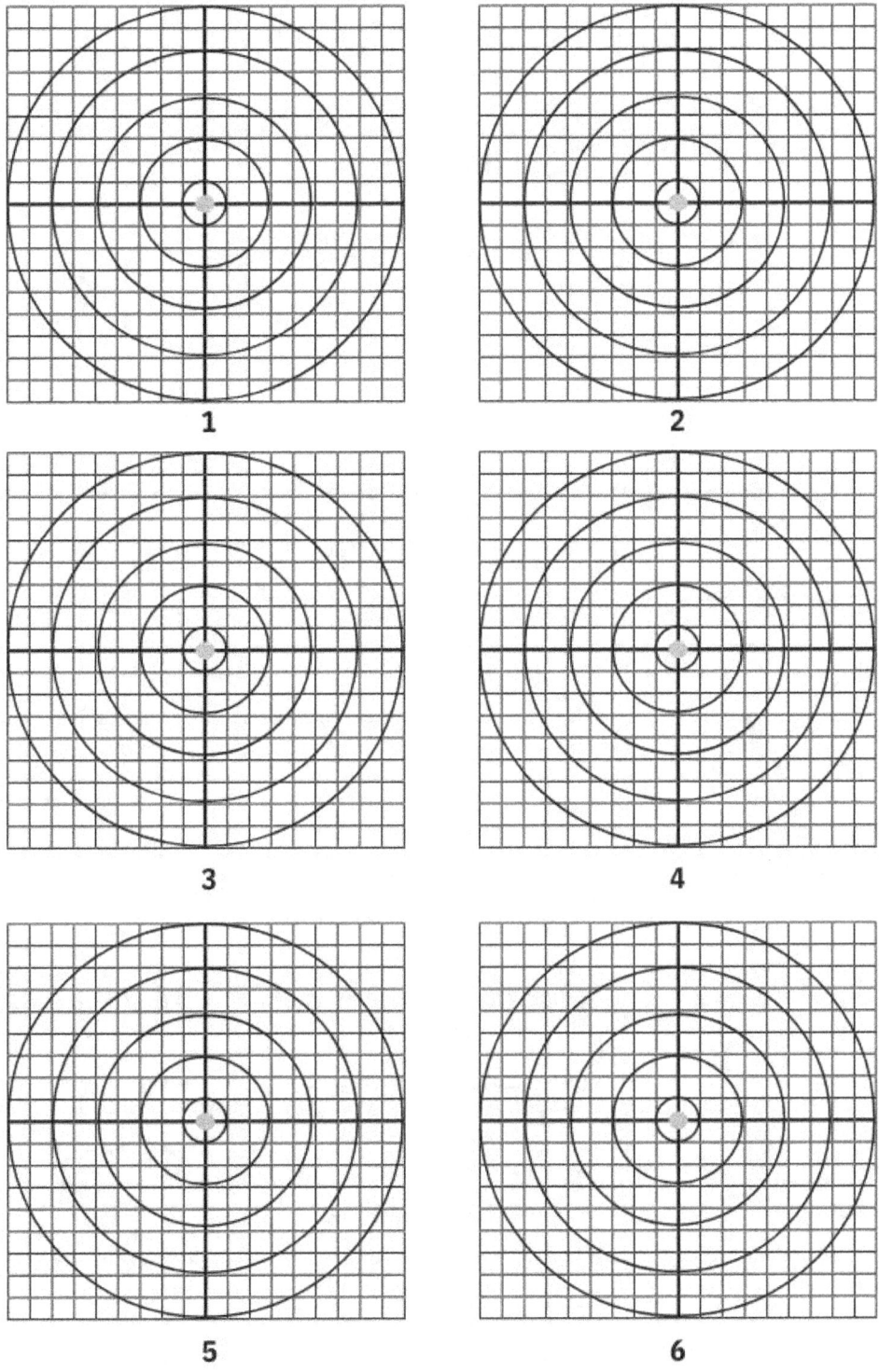

Un'idea regalo perfetta per principianti e professionisti

Libro di bordo per il tiro sportivo

📅 Data: _____ 🕐 Tempo: _____

📍 Posizione: _____

Condizioni meteo

☀ ☐ ⛅ ☐ 🌥 ☐ 🌦 ☐ 🌧 ☐ 🌨 ☐ 🚩 _____ 🌡 _____

Arma da fuoco:		
Proiettile:	Profondità di seduta:	
Polvere:	Grani:	
Primer:		
Ottone:		
Distanza:		

Risultati complessivi

☐ Povero   ☐ Fiera   ☐ Buono   ☐ Eccellente

Note aggiuntive

_____

_____

☆ ☆ ☆ ☆ ☆

Un'idea regalo perfetta per principianti e professionisti

Libro di bordo per il tiro sportivo

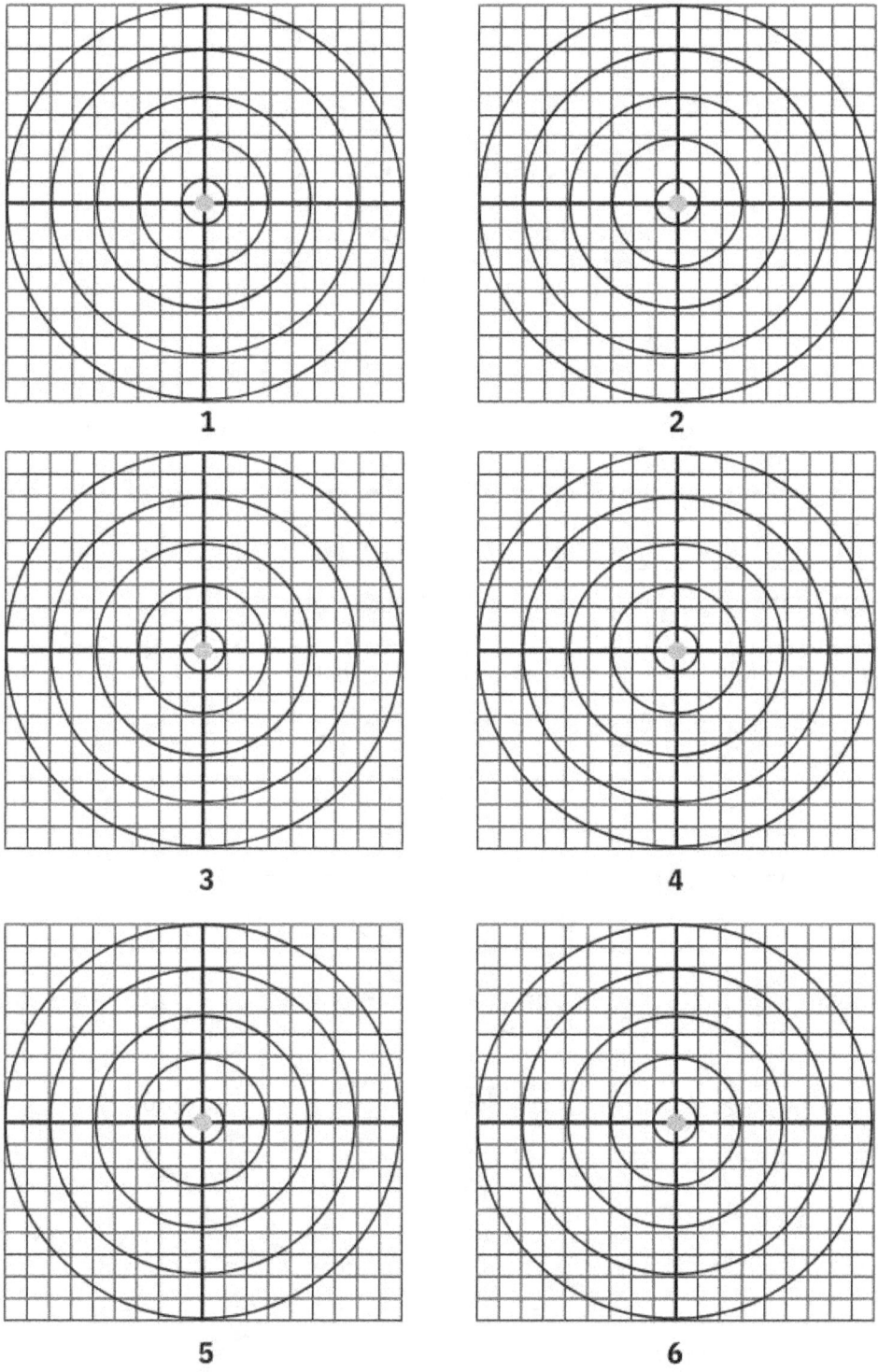

Un'idea regalo perfetta per principianti e professionisti

Libro di bordo per il tiro sportivo

📅 Data: _____ 🕐 Tempo: _____

📍 Posizione: _____

Condizioni meteo

☐ ☐ ☐ ☐ ☐ ☐ 🚩_____ 🌡_____

Arma da fuoco:	
Proiettile:	Profondità di seduta:
Polvere:	Grani:
Primer:	
Ottone:	
Distanza:	

Risultati complessivi

☐ Povero   ☐ Fiera   ☐ Buono   ☐ Eccellente

Note aggiuntive

_____
_____
_____

☆ ☆ ☆ ☆ ☆

Un'idea regalo perfetta per principianti e professionisti

Libro di bordo per il tiro sportivo

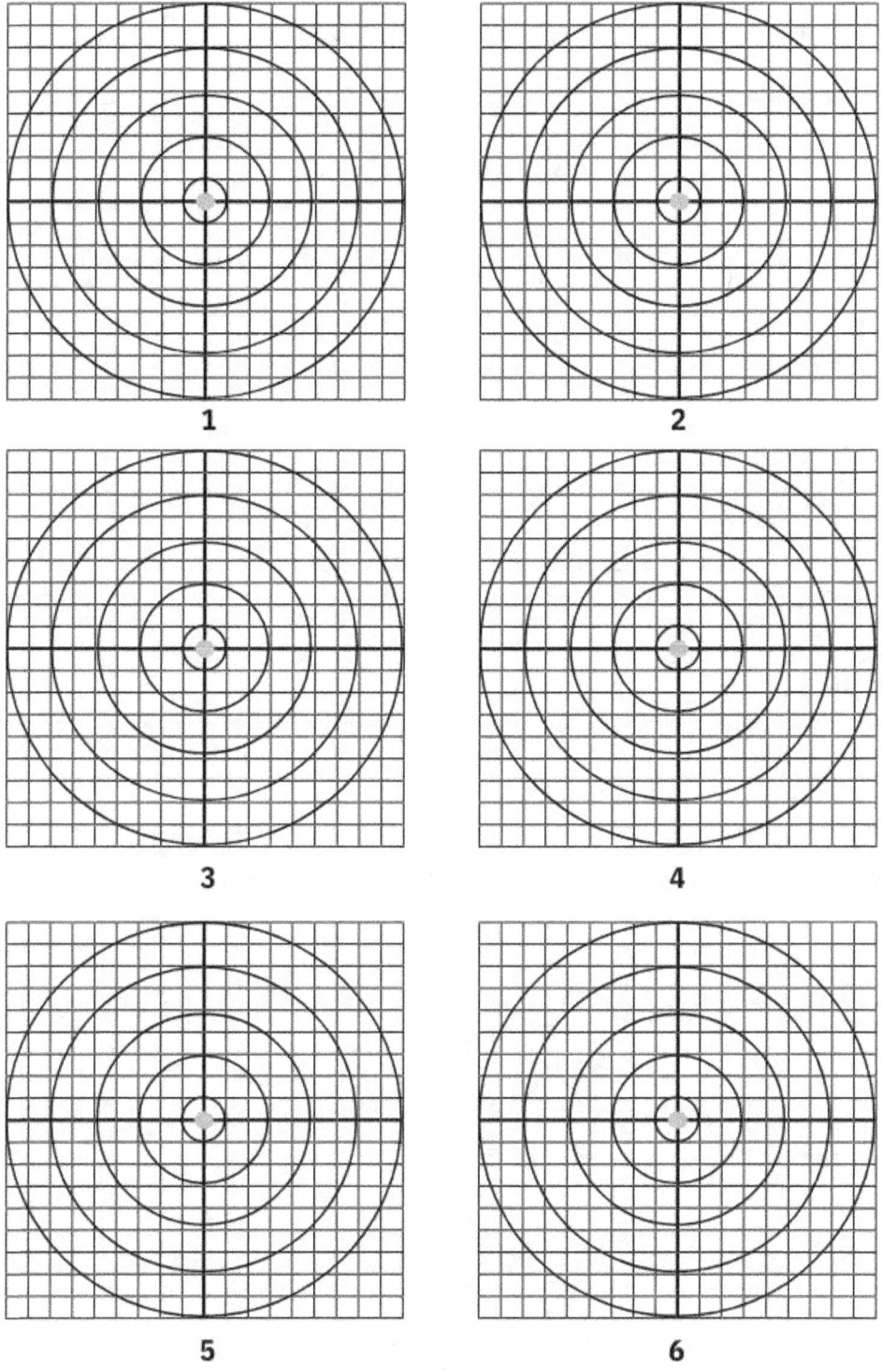

Un'idea regalo perfetta per principianti e professionisti

Libro di bordo per il tiro sportivo

📅 Data: _____ 🕐 Tempo: _____

📍 Posizione: _____

Condizioni meteo

☐ ☀️ ☐ ☁️ ☐ ⛅ ☐ 🌧️ ☐ 🌧️ ☐ 🌨️ 🚩 _____ 🌡️ _____

Arma da fuoco:	
Proiettile:	Profondità di seduta:
Polvere:	Grani:
Primer:	
Ottone:	
Distanza:	

Risultati complessivi

☐ Povero   ☐ Fiera   ☐ Buono   ☐ Eccellente

Note aggiuntive

_____
_____
_____

☆ ☆ ☆ ☆ ☆

Un'idea regalo perfetta per principianti e professionisti

Libro di bordo per il tiro sportivo

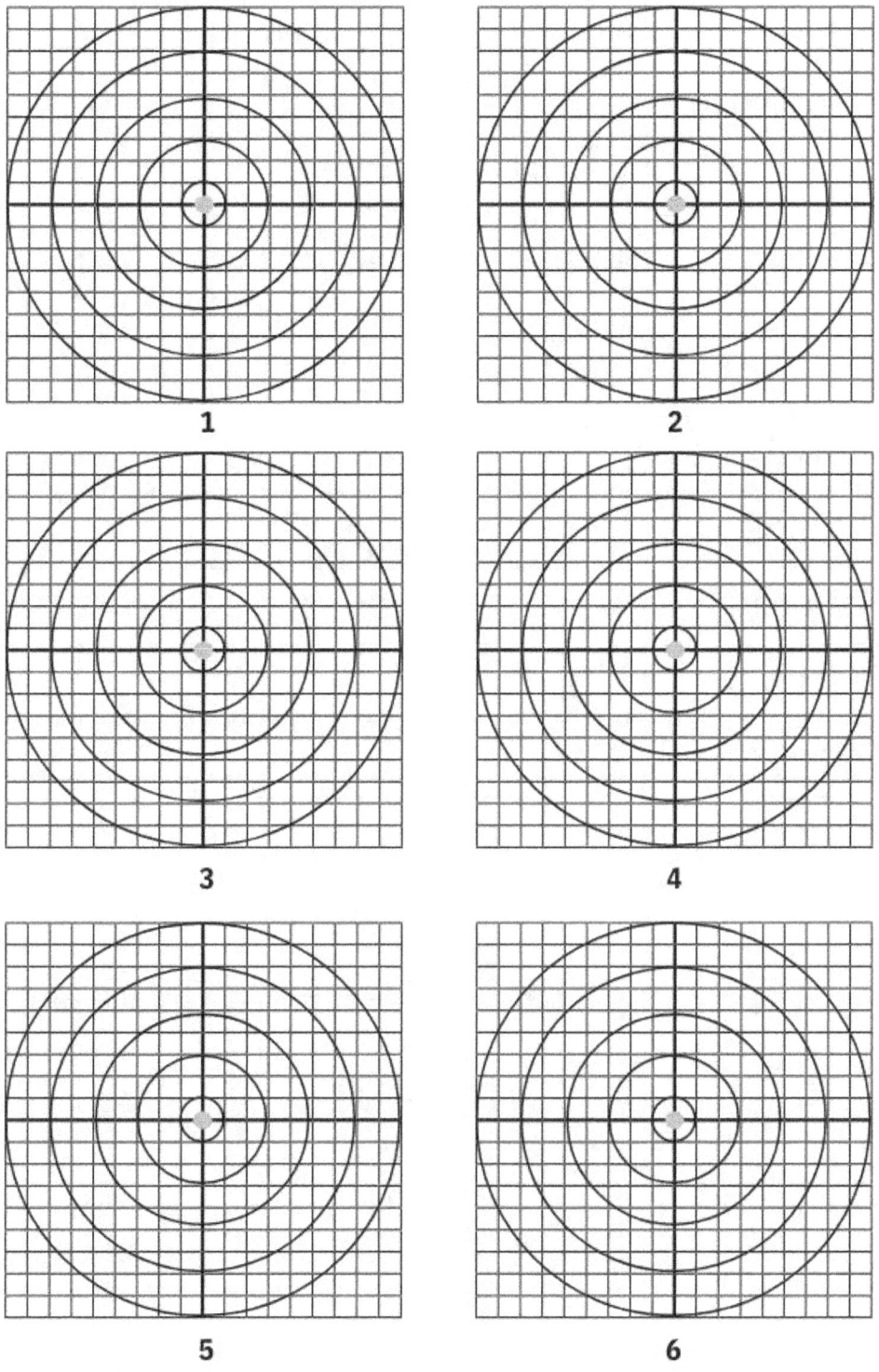

Un'idea regalo perfetta per principianti e professionisti

Libro di bordo per il tiro sportivo

📅 Data: _____ 🕐 Tempo: _____

📍 Posizione: _____

Condizioni meteo

☀️ ⛅ 🌥️ 🌧️ 🌧️ 🌨️ 🚩 🌡️
☐ ☐ ☐ ☐ ☐ ☐ _____ _____

Arma da fuoco:	
Proiettile:	Profondità di seduta:
Polvere:	Grani:
Primer:	
Ottone:	
Distanza:	

Risultati complessivi

☐ Povero   ☐ Fiera   ☐ Buono   ☐ Eccellente

Note aggiuntive

_____

_____

_____

☆ ☆ ☆ ☆ ☆

Un'idea regalo perfetta per principianti e professionisti

Libro di bordo per il tiro sportivo

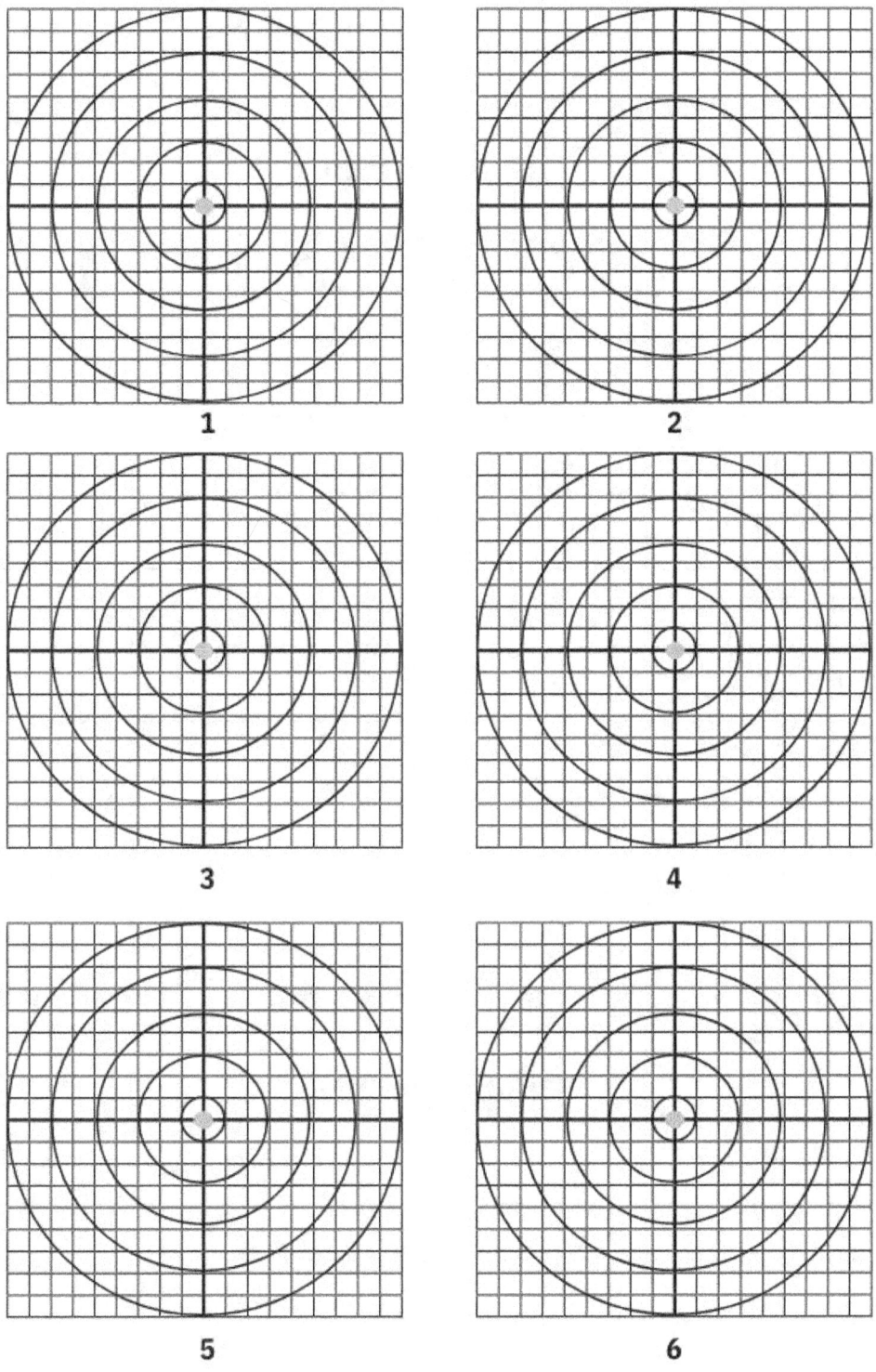

Un'idea regalo perfetta per principianti e professionisti

Libro di bordo per il tiro sportivo

📅 Data: _____ 🕐 Tempo: _____

📍 Posizione: _____

Condizioni meteo

☀️ ⛅ ☁️ 🌧️ 🌧️ 🌨️ 🚩 🌡️
☐ ☐ ☐ ☐ ☐ ☐ ___ ___

Arma da fuoco:	
Proiettile:	Profondità di seduta:
Polvere:	Grani:
Primer:	
Ottone:	
Distanza:	

Risultati complessivi

☐ Povero   ☐ Fiera   ☐ Buono   ☐ Eccellente

Note aggiuntive

_____
_____
_____

☆ ☆ ☆ ☆ ☆

Un'idea regalo perfetta per principianti e professionisti

Libro di bordo per il tiro sportivo

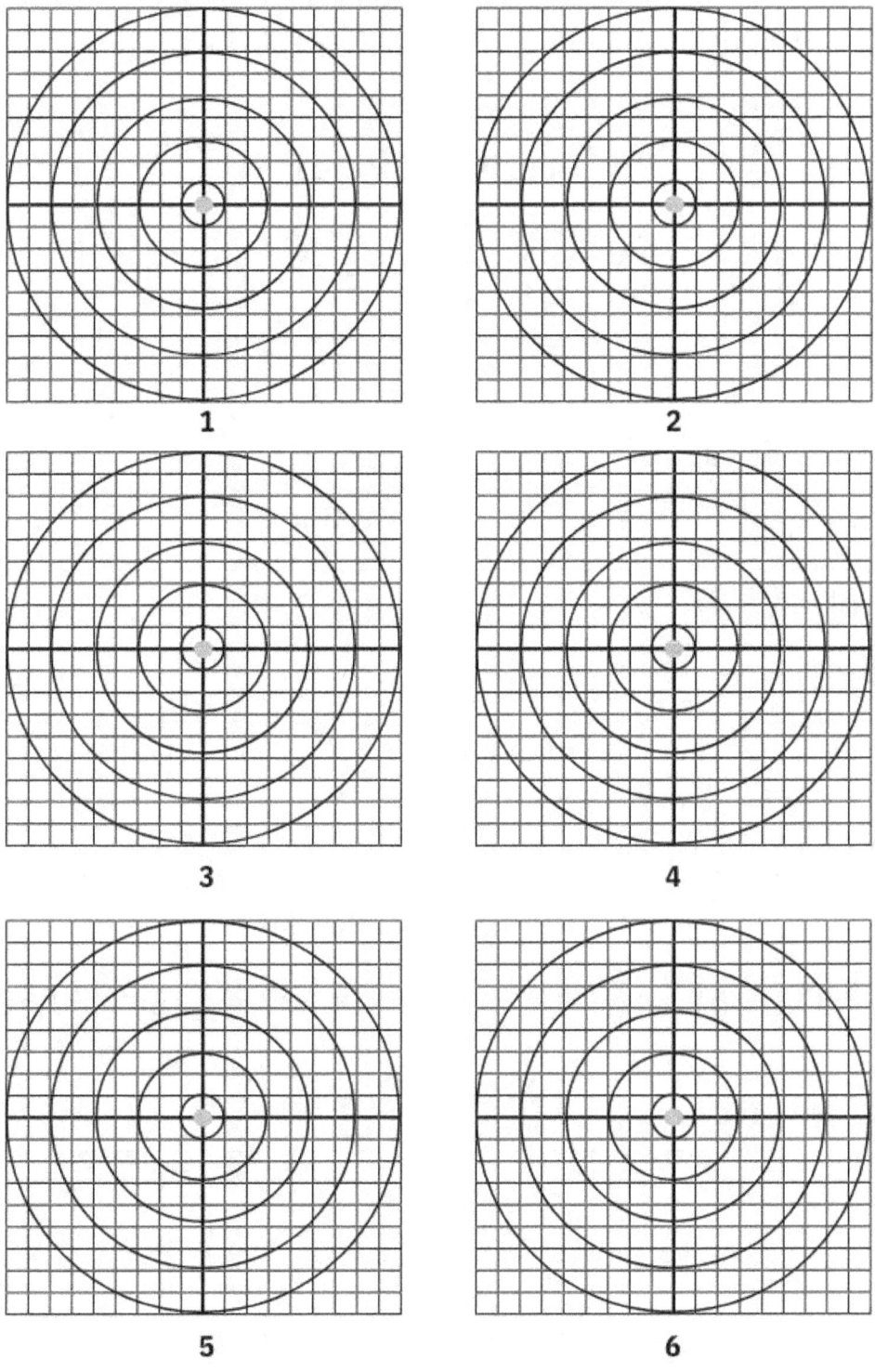

Un'idea regalo perfetta per principianti e professionisti

Libro di bordo per il tiro sportivo

Data: _____   Tempo: _____

Posizione: _____

Condizioni meteo

☐ ☐ ☐ ☐ ☐ ☐

Arma da fuoco:	
Proiettile:	Profondità di seduta:
Polvere:	Grani:
Primer:	
Ottone:	
Distanza:	

Risultati complessivi

☐ Povero   ☐ Fiera   ☐ Buono   ☐ Eccellente

Note aggiuntive

_____
_____

☆ ☆ ☆ ☆ ☆

Un'idea regalo perfetta per principianti e professionisti

Libro di bordo per il tiro sportivo

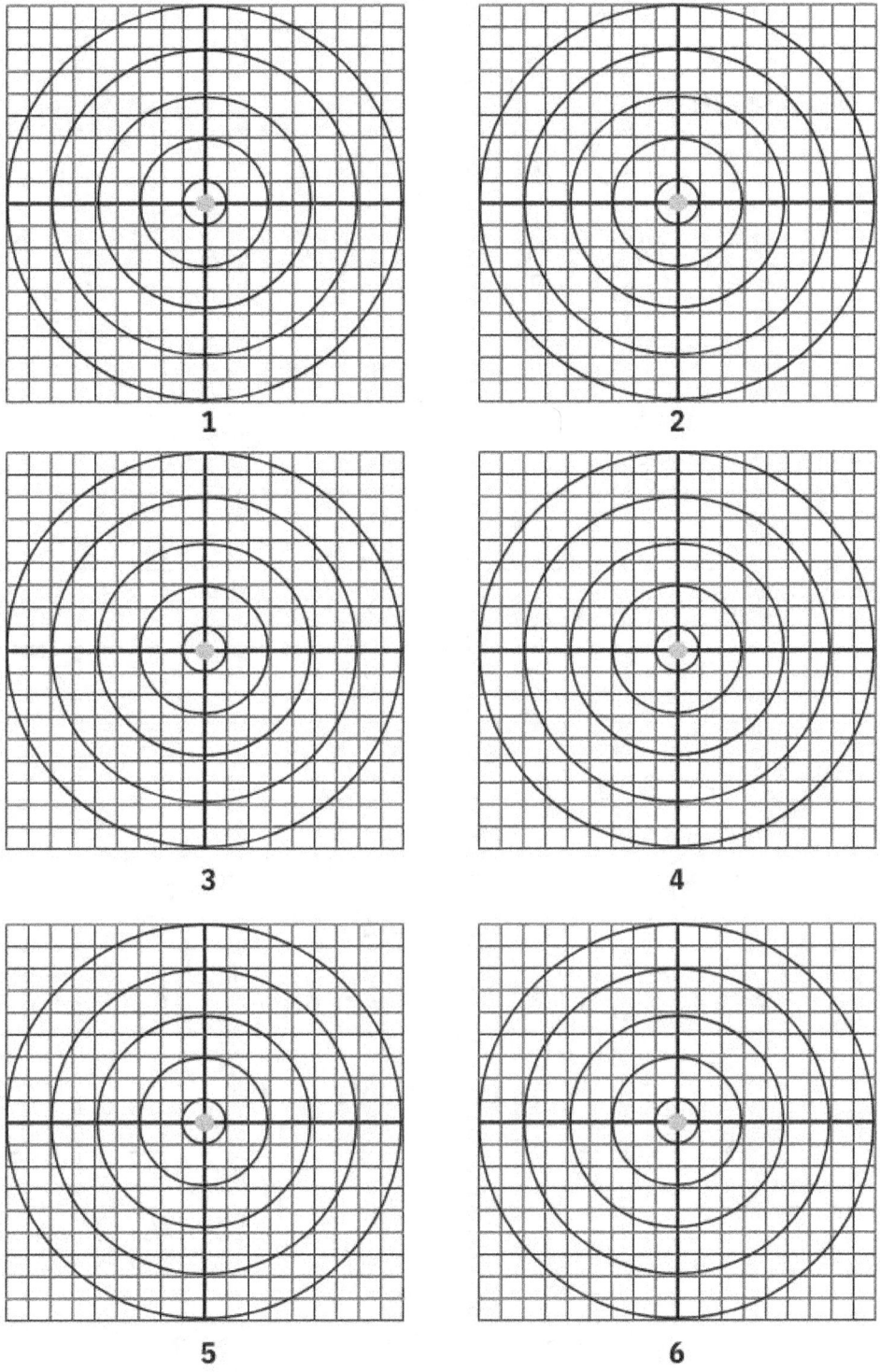

Un'idea regalo perfetta per principianti e professionisti

Libro di bordo per il tiro sportivo

📅 Data: _____ 🕐 Tempo: _____

📍 Posizione: _____

Condizioni meteo

☀️ ⛅ 🌥️ 🌧️ 🌦️ 🌨️ 🚩 🌡️
☐ ☐ ☐ ☐ ☐ ☐ _____ _____

Arma da fuoco:	
Proiettile:	Profondità di seduta:
Polvere:	Grani:
Primer:	
Ottone:	
Distanza:	

Risultati complessivi

☐ Povero ☐ Fiera ☐ Buono ☐ Eccellente

Note aggiuntive

_____
_____
_____

☆ ☆ ☆ ☆ ☆

Un'idea regalo perfetta per principianti e professionisti

Libro di bordo per il tiro sportivo

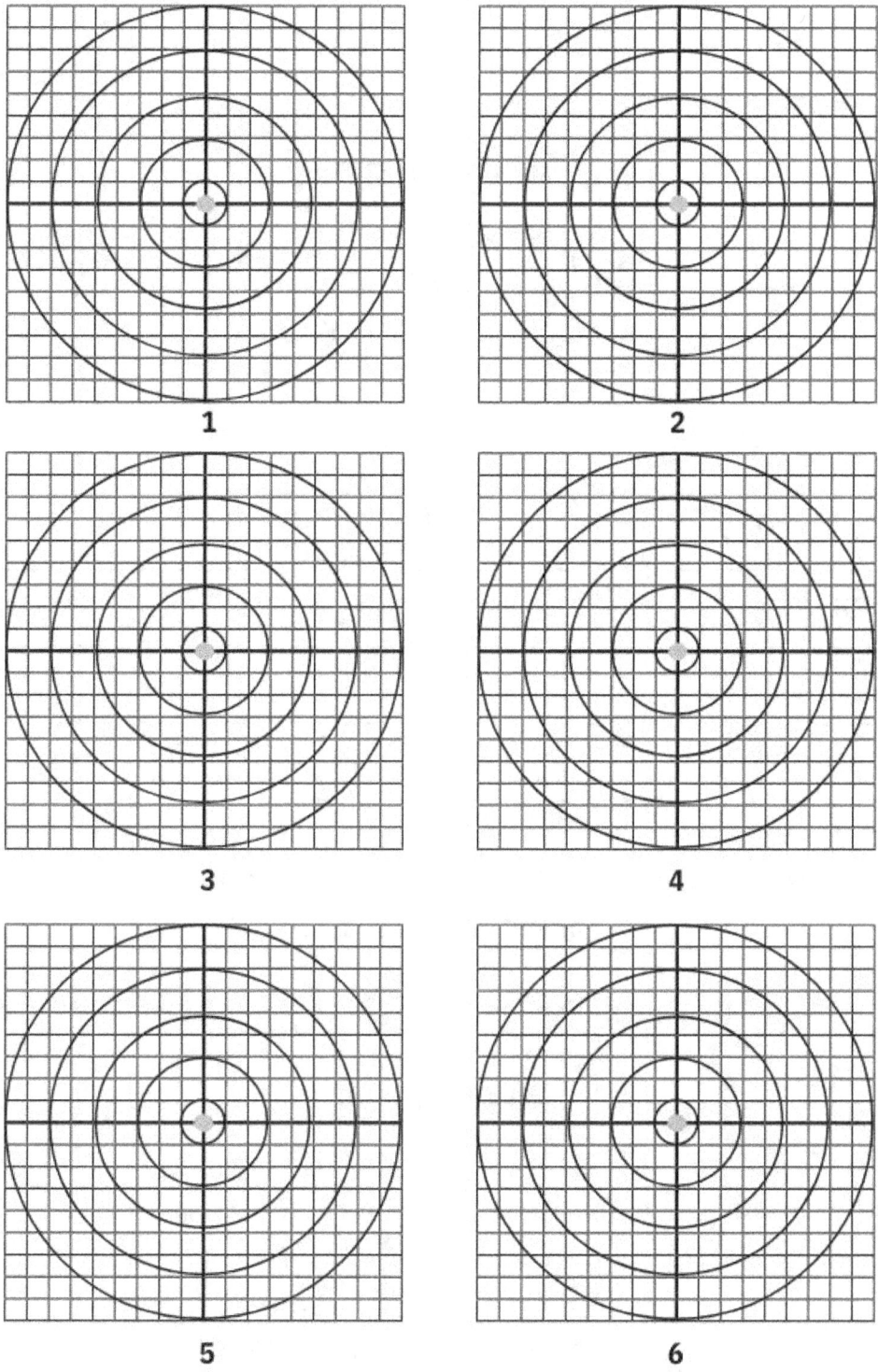

Un'idea regalo perfetta per principianti e professionisti

Libro di bordo per il tiro sportivo

📅 Data: _____ 🕐 Tempo: _____

📍 Posizione: _____

Condizioni meteo

☀️ ☁️ ⛅ 🌧️ 🌧️ 🌨️ 🚩 🌡️
☐ ☐ ☐ ☐ ☐ ☐ ☐

Arma da fuoco:	
Proiettile:	Profondità di seduta:
Polvere:	Grani:
Primer:	
Ottone:	
Distanza:	

Risultati complessivi

☐ Povero ☐ Fiera ☐ Buono ☐ Eccellente

Note aggiuntive

_____
_____
_____

☆ ☆ ☆ ☆ ☆

Un'idea regalo perfetta per principianti e professionisti

Libro di bordo per il tiro sportivo

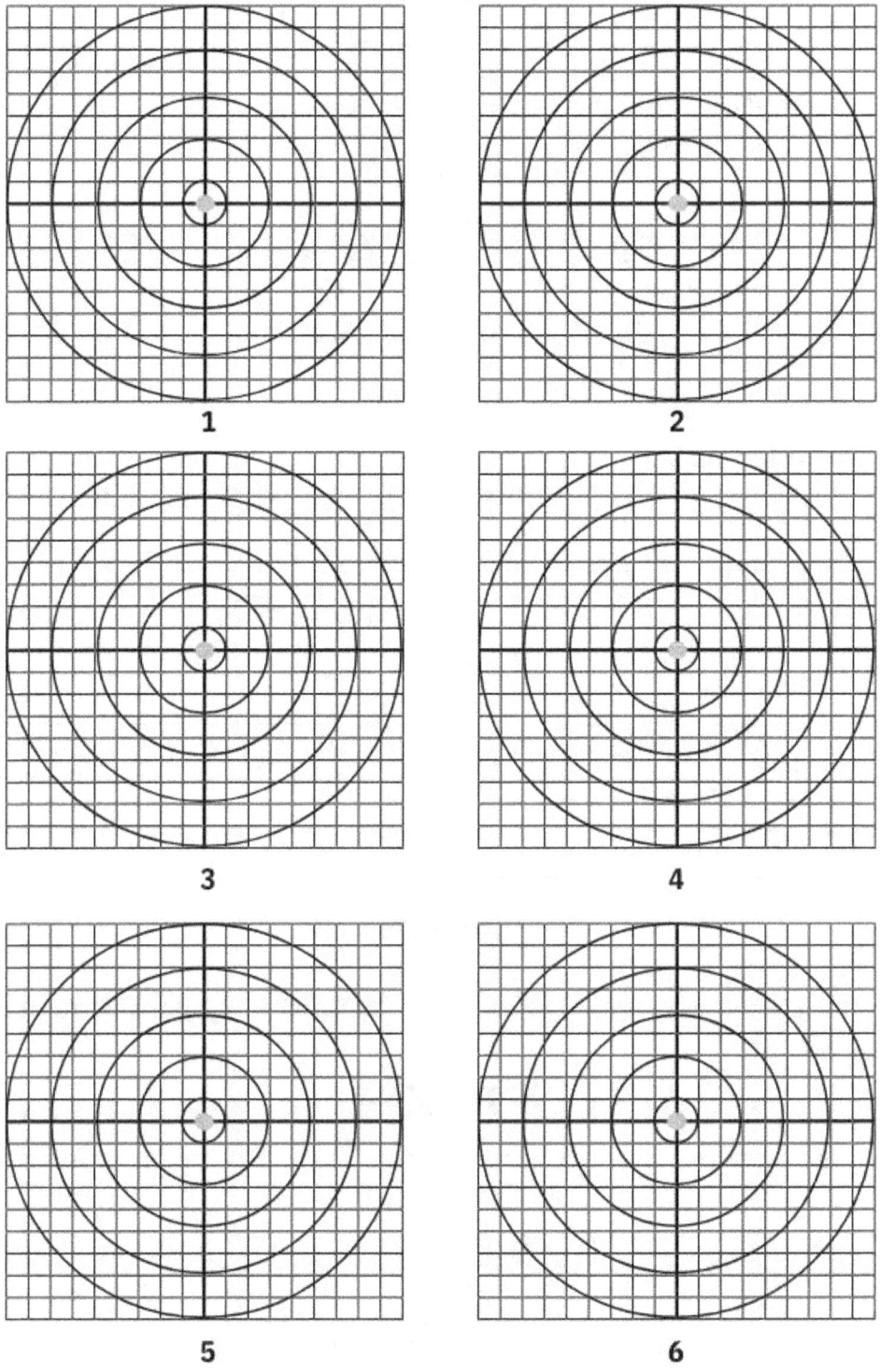

Un'idea regalo perfetta per principianti e professionisti

Libro di bordo per il tiro sportivo

Data: _____   Tempo: _____

Posizione: _____

Condizioni meteo

☐ ☐ ☐ ☐ ☐ ☐ _____ _____

Arma da fuoco:	
Proiettile:	Profondità di seduta:
Polvere:	Grani:
Primer:	
Ottone:	
Distanza:	

Risultati complessivi

☐ Povero   ☐ Fiera   ☐ Buono   ☐ Eccellente

Note aggiuntive

_____
_____
_____

☆ ☆ ☆ ☆ ☆

Un'idea regalo perfetta per principianti e professionisti

Libro di bordo per il tiro sportivo

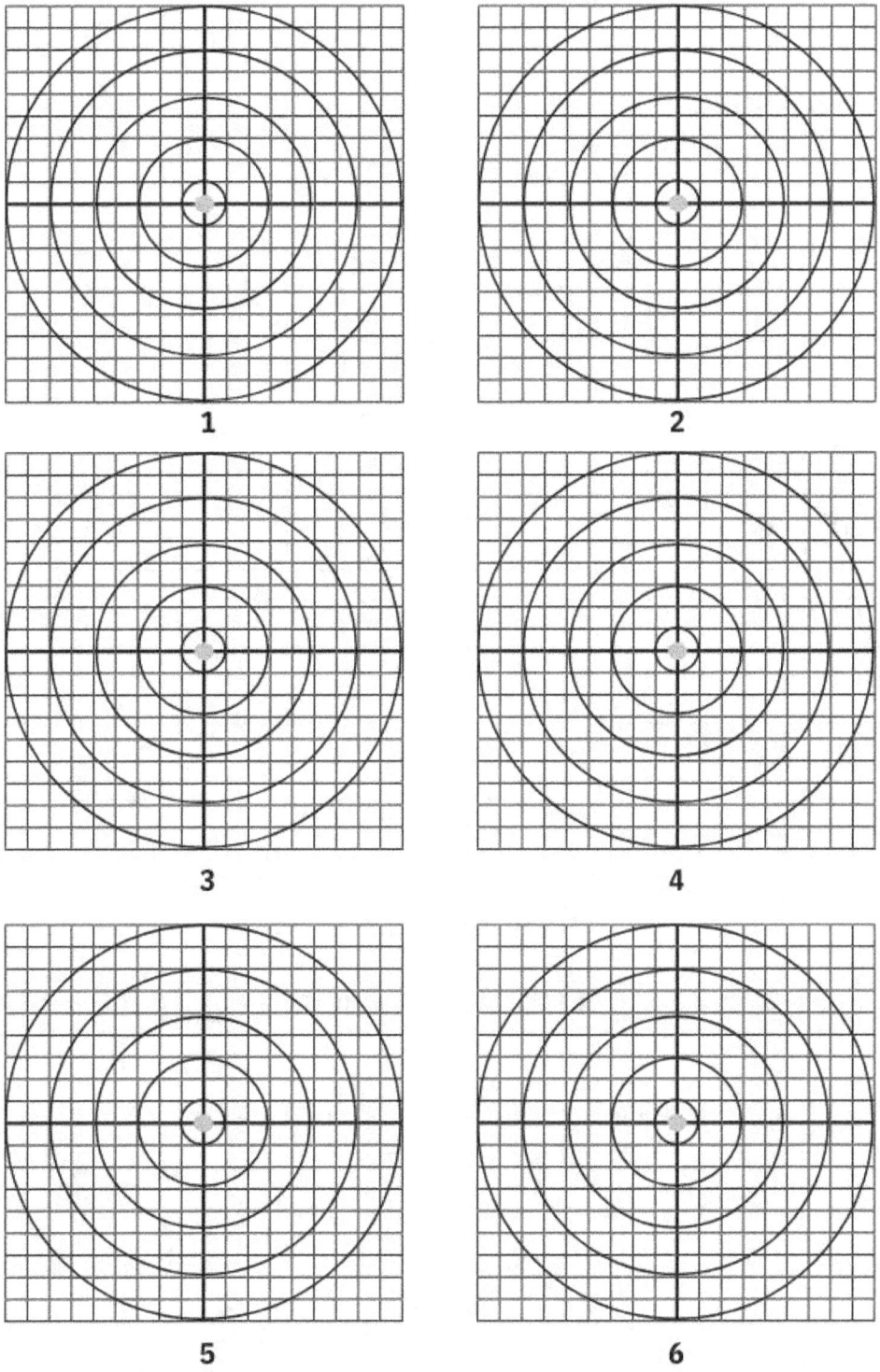

Un'idea regalo perfetta per principianti e professionisti

Libro di bordo per il tiro sportivo

📅 Data: _____   🕐 Tempo: _____

📍 Posizione: _____

Condizioni meteo

☀️ ☐   ⛅ ☐   🌥️ ☐   🌧️ ☐   🌧️ ☐   🌨️ ☐   🚩 _____   🌡️ _____

Arma da fuoco:	
Proiettile:	Profondità di seduta:
Polvere:	Grani:
Primer:	
Ottone:	
Distanza:	

Risultati complessivi

☐ Povero   ☐ Fiera   ☐ Buono   ☐ Eccellente

Note aggiuntive

_____

_____

☆ ☆ ☆ ☆ ☆

Un'idea regalo perfetta per principianti e professionisti

Libro di bordo per il tiro sportivo

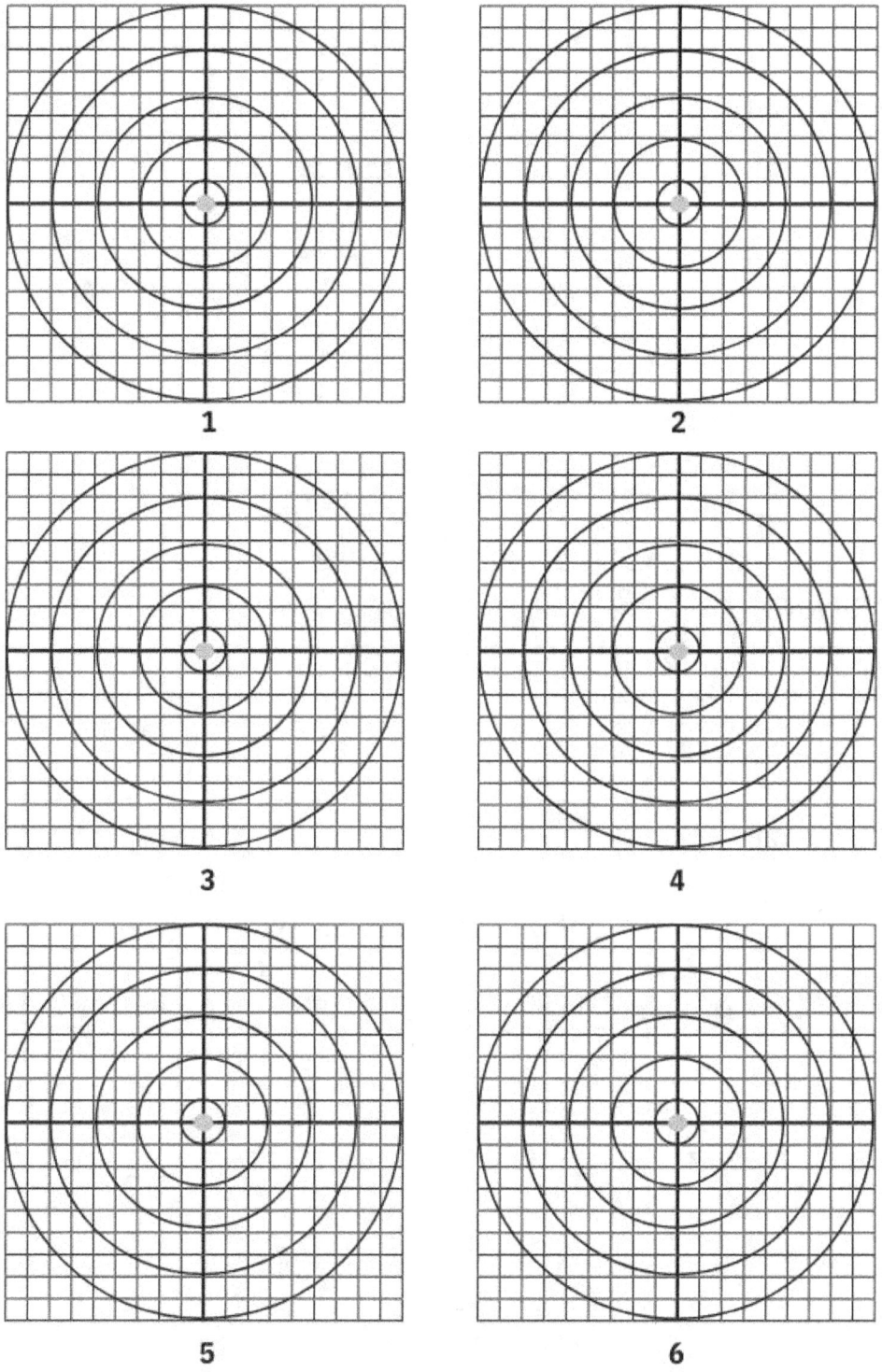

Un'idea regalo perfetta per principianti e professionisti

Libro di bordo per il tiro sportivo

📅 Data: _____ 🕐 Tempo: _____

📍 Posizione: _____

Condizioni meteo

☀ ☐   ⛅ ☐   🌥 ☐   🌧 ☐   🌧 ☐   🌨 ☐   🚩   🌡

Arma da fuoco:	
Proiettile:	Profondità di seduta:
Polvere:	Grani:
Primer:	
Ottone:	
Distanza:	

Risultati complessivi

☐ Povero   ☐ Fiera   ☐ Buono   ☐ Eccellente

Note aggiuntive

_____
_____
_____

☆ ☆ ☆ ☆ ☆

Un'idea regalo perfetta per principianti e professionisti

Libro di bordo per il tiro sportivo

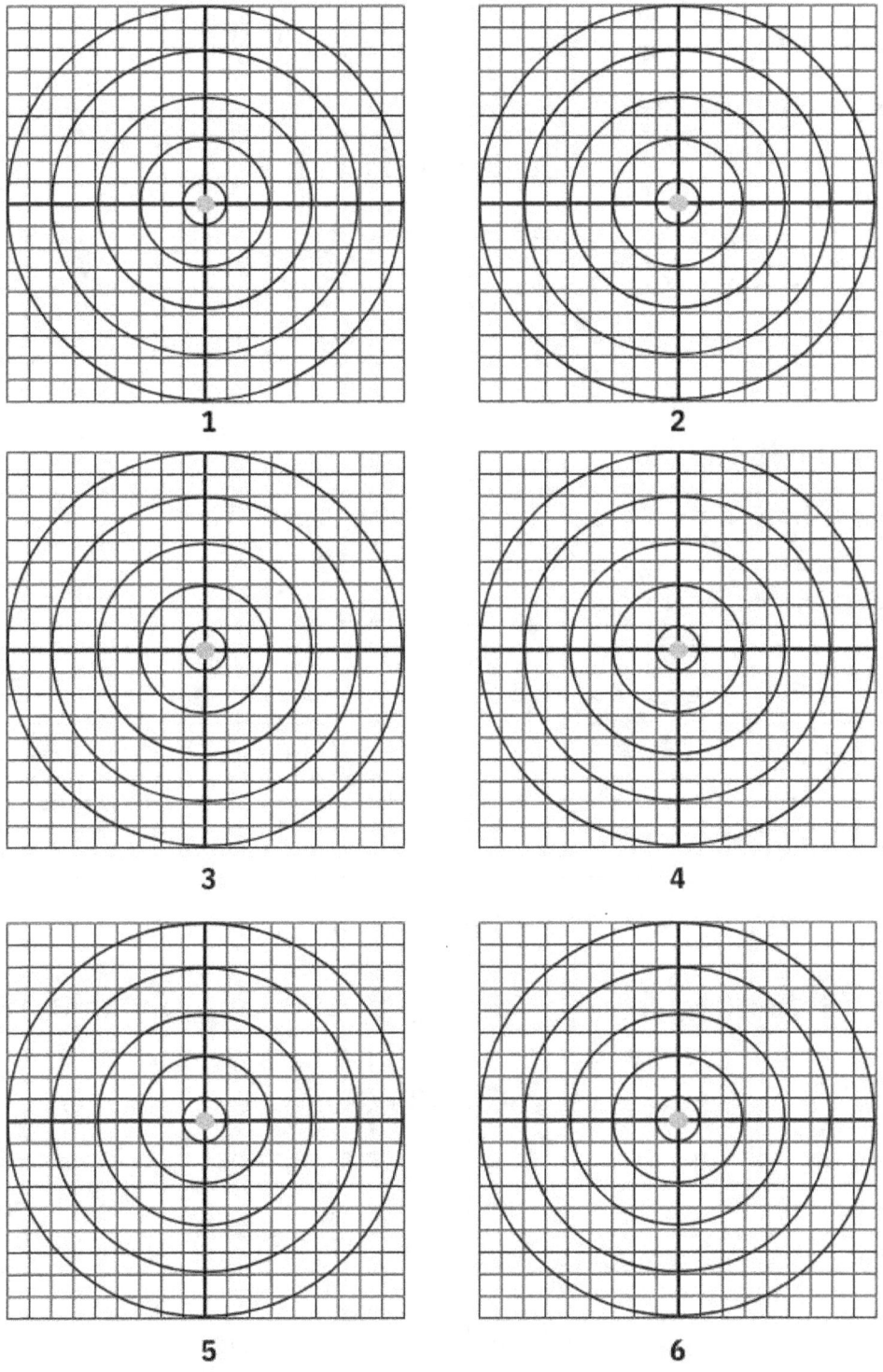

Un'idea regalo perfetta per principianti e professionisti

Libro di bordo per il tiro sportivo

Data: _____ Tempo: _____

Posizione: _____

Condizioni meteo

☐ ☐ ☐ ☐ ☐ ☐

Arma da fuoco:	
Proiettile:	Profondità di seduta:
Polvere:	Grani:
Primer:	
Ottone:	
Distanza:	

Risultati complessivi

☐ Povero   ☐ Fiera   ☐ Buono   ☐ Eccellente

Note aggiuntive

_____
_____

☆ ☆ ☆ ☆ ☆

Un'idea regalo perfetta per principianti e professionisti

Libro di bordo per il tiro sportivo

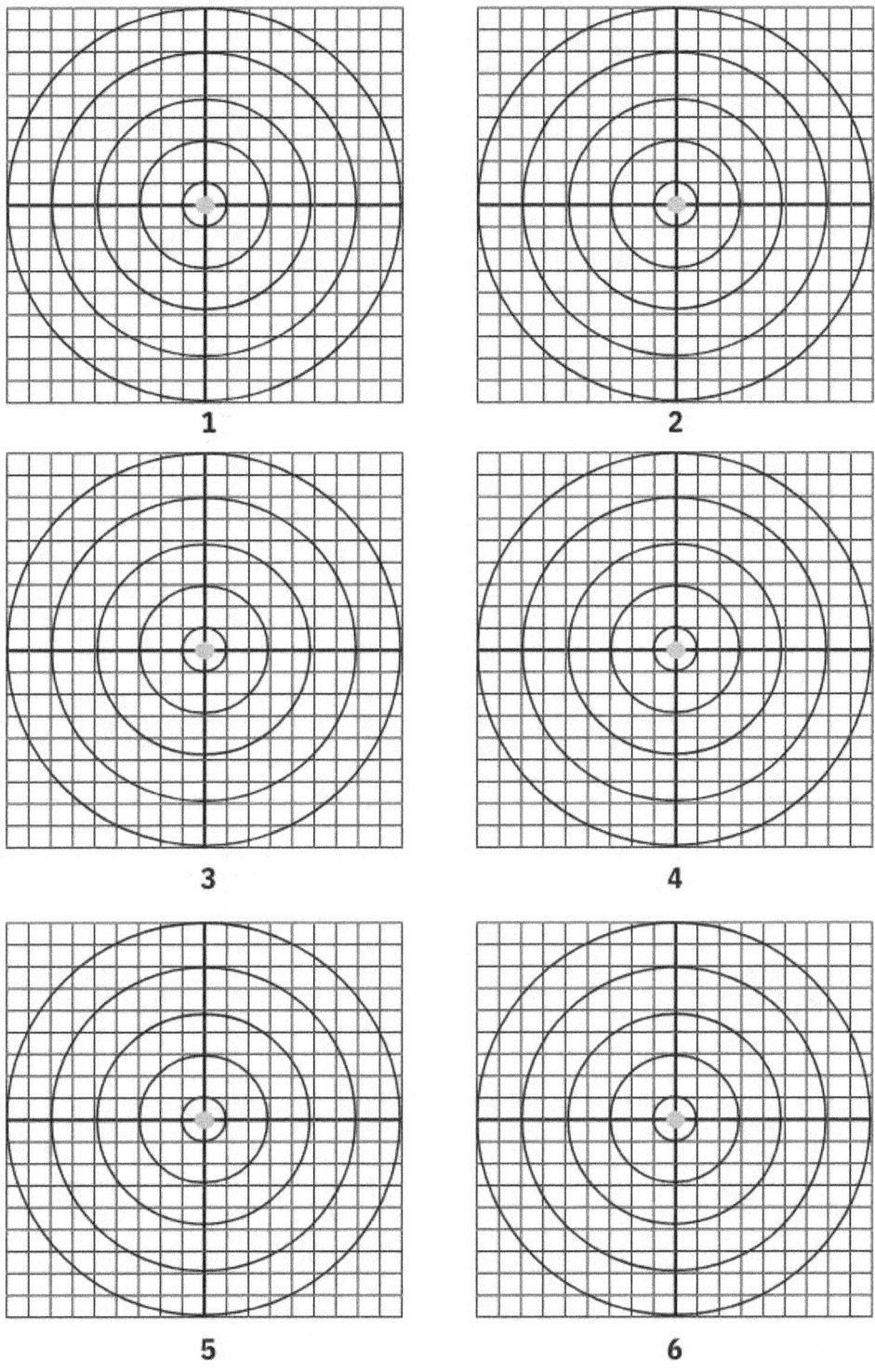

Un'idea regalo perfetta per principianti e professionisti

Libro di bordo per il tiro sportivo

📅 Data: _____ 🕐 Tempo: _____

📍 Posizione: _____

Condizioni meteo

☀ ☁ ⛅ 🌧 🌧 🌨 🚩 🌡
☐   ☐   ☐   ☐   ☐   ☐   _____

Arma da fuoco:	
Proiettile:	Profondità di seduta:
Polvere:	Grani:
Primer:	
Ottone:	
Distanza:	

Risultati complessivi

☐ Povero ☐ Fiera ☐ Buono ☐ Eccellente

Note aggiuntive

_____

_____

_____

☆ ☆ ☆ ☆ ☆

Un'idea regalo perfetta per principianti e professionisti

Libro di bordo per il tiro sportivo

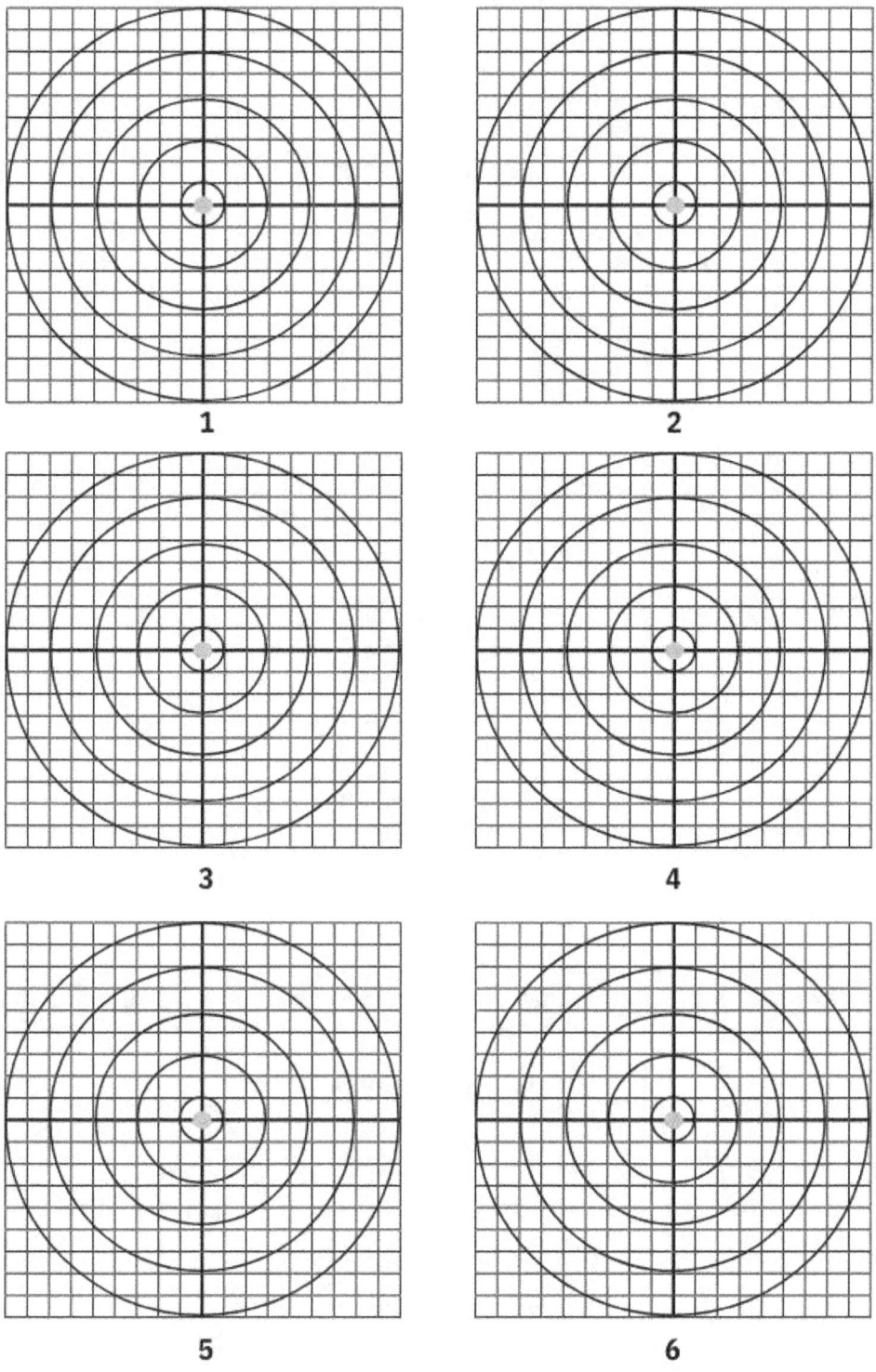

Un'idea regalo perfetta per principianti e professionisti

Libro di bordo per il tiro sportivo

📅 Data: _____ ⏱ Tempo: _____

📍 Posizione: _____

Condizioni meteo

☀ ⛅ 🌥 🌧 🌧 🌨 🚩 🌡
☐ ☐ ☐ ☐ ☐ ☐

Arma da fuoco:	
Proiettile:	Profondità di seduta:
Polvere:	Grani:
Primer:	
Ottone:	
Distanza:	

Risultati complessivi

☐ Povero ☐ Fiera ☐ Buono ☐ Eccellente

Note aggiuntive

_____
_____

☆ ☆ ☆ ☆ ☆

Un'idea regalo perfetta per principianti e professionisti

Libro di bordo per il tiro sportivo

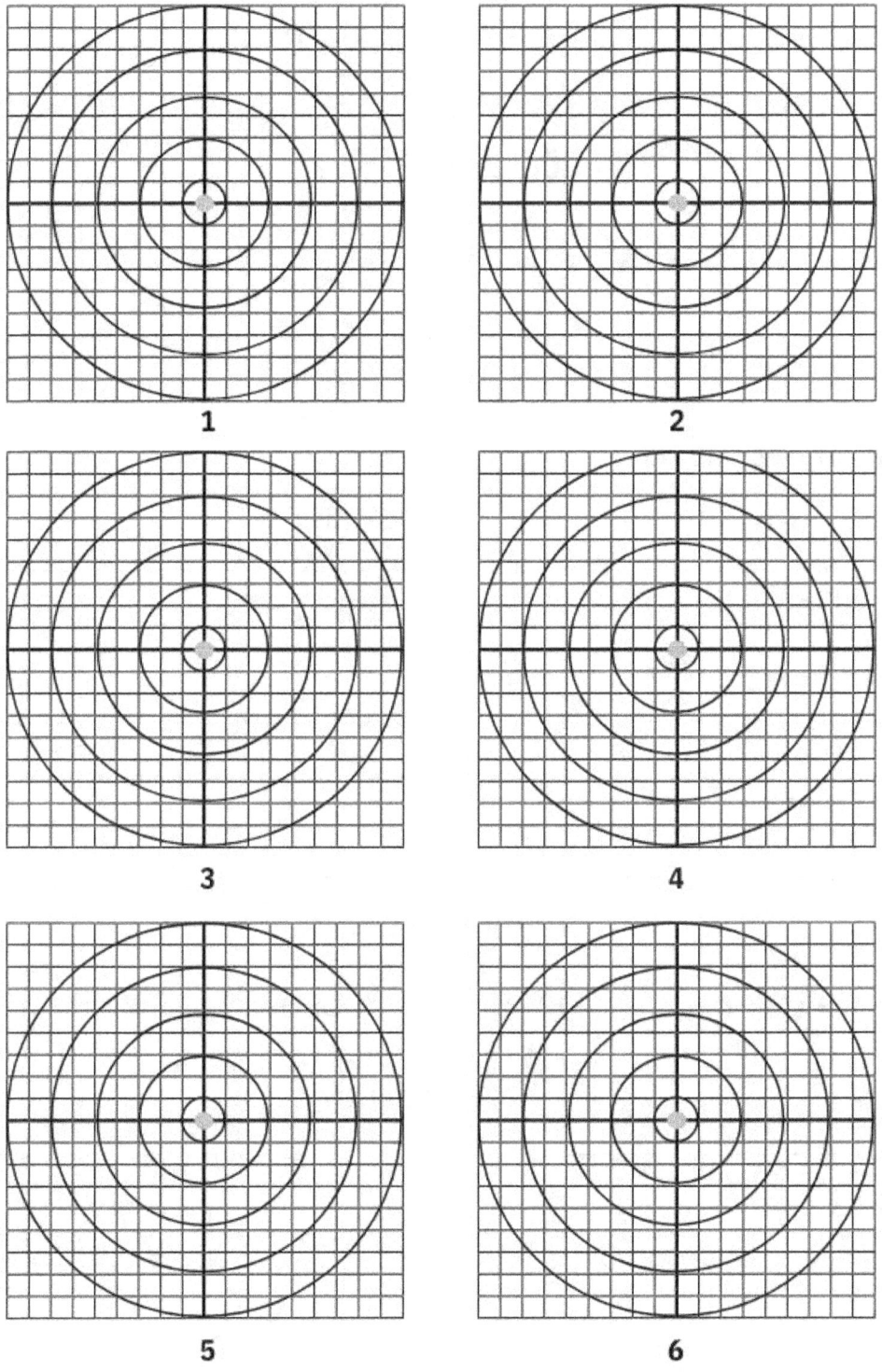

Un'idea regalo perfetta per principianti e professionisti

Libro di bordo per il tiro sportivo

 Data: _____   Tempo: _____

 Posizione: _____

Condizioni meteo

☀ ☐   ⛅ ☐   🌥 ☐   🌧 ☐   🌧 ☐   🌨 ☐   🚩 _____   🌡

Arma da fuoco:	
Proiettile:	Profondità di seduta:
Polvere:	Grani:
Primer:	
Ottone:	
Distanza:	

Risultati complessivi

☐ Povero   ☐ Fiera   ☐ Buono   ☐ Eccellente

Note aggiuntive

_____
_____
_____

☆ ☆ ☆ ☆ ☆

Un'idea regalo perfetta per principianti e professionisti

Libro di bordo per il tiro sportivo

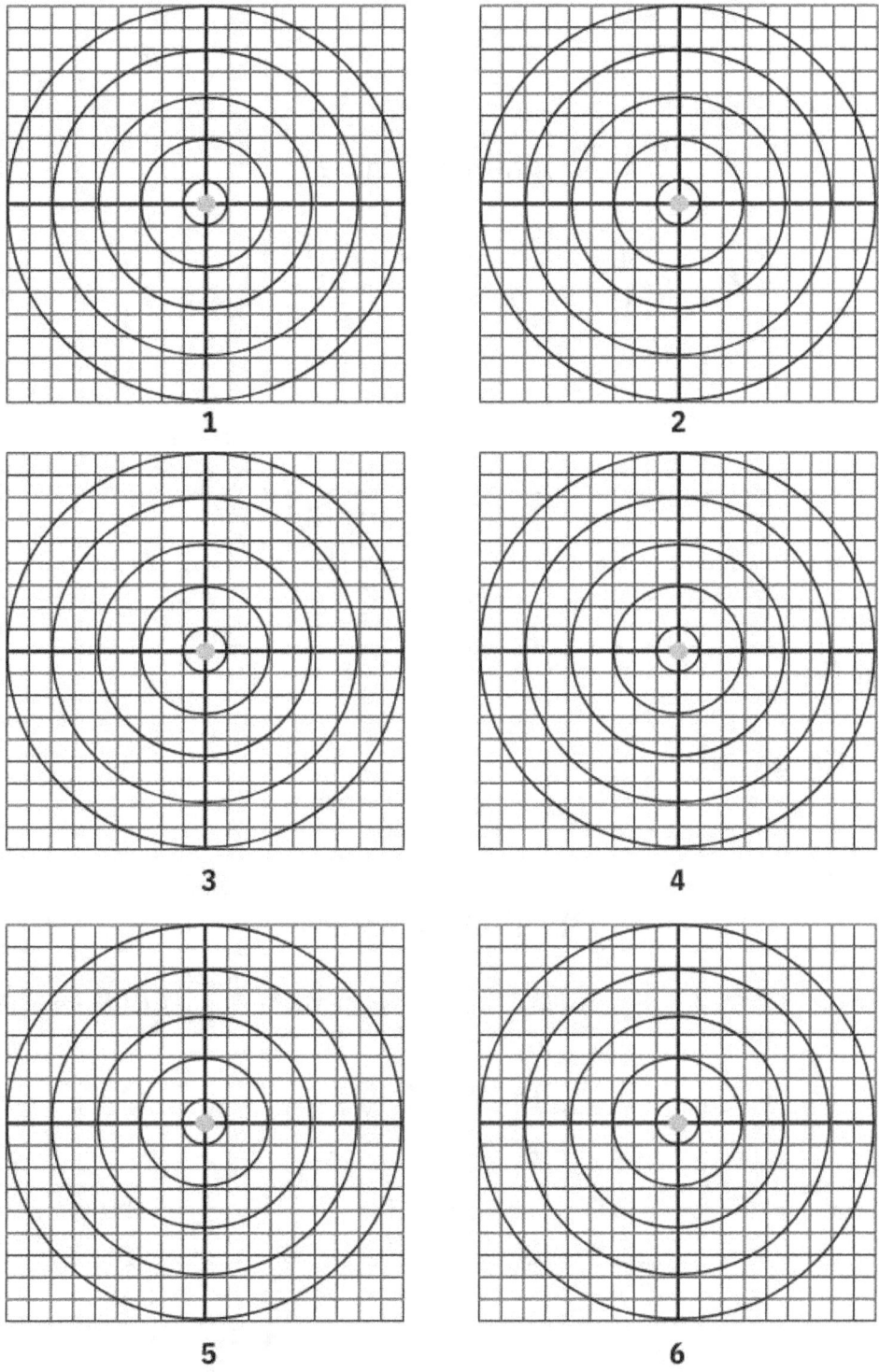

Un'idea regalo perfetta per principianti e professionisti

Libro di bordo per il tiro sportivo

📅 Data: _____ 🕐 Tempo: _____

📍 Posizione: _____

Condizioni meteo

☀ ☁ ⛅ 🌧 🌧 🌨 🚩 🌡
☐ ☐ ☐ ☐ ☐ ☐

Arma da fuoco:	
Proiettile:	Profondità di seduta:
Polvere:	Grani:
Primer:	
Ottone:	
Distanza:	

Risultati complessivi

☐ Povero   ☐ Fiera   ☐ Buono   ☐ Eccellente

Note aggiuntive

_____

_____

_____

☆ ☆ ☆ ☆ ☆

Un'idea regalo perfetta per principianti e professionisti

Libro di bordo per il tiro sportivo

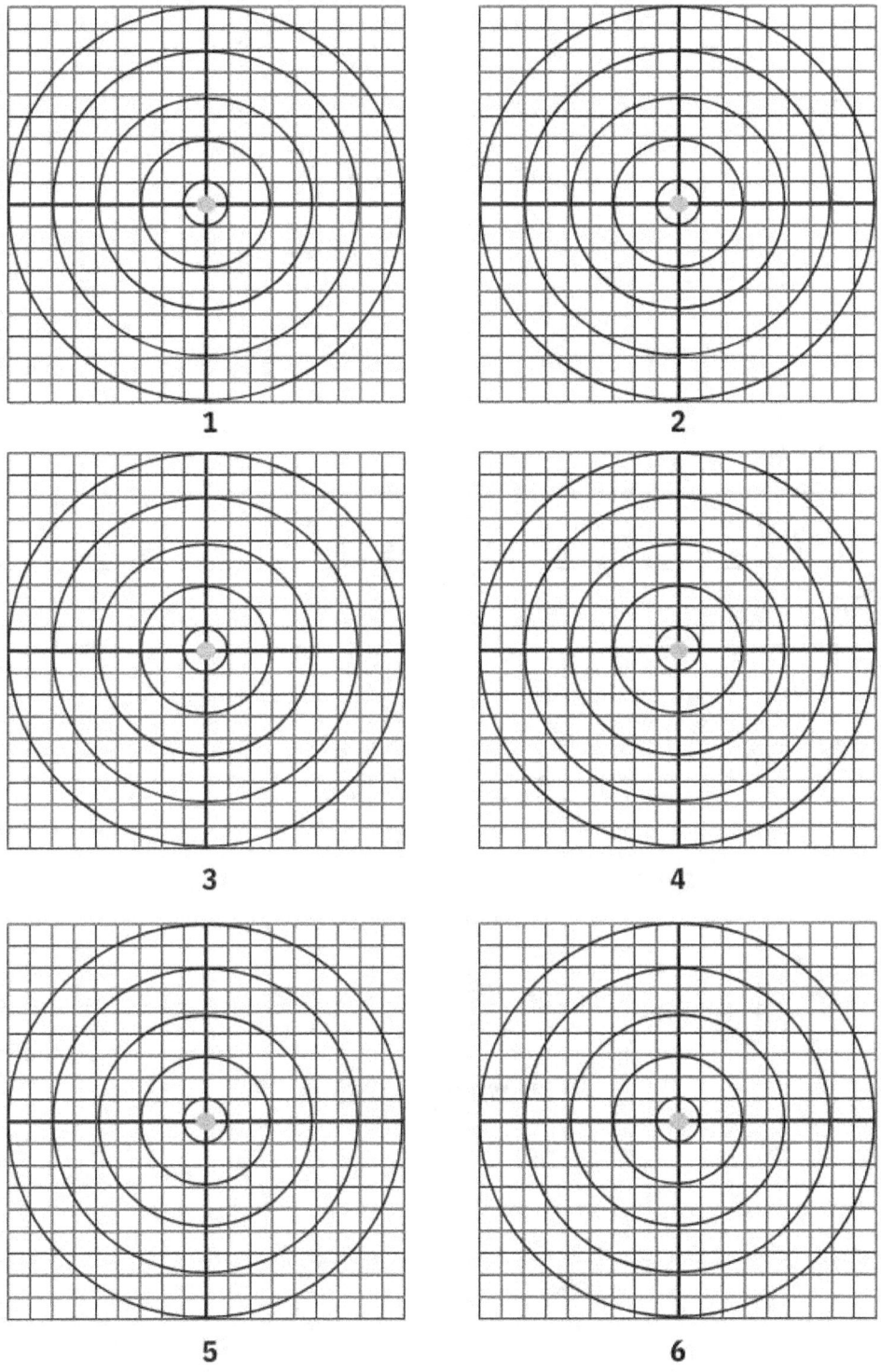

Un'idea regalo perfetta per principianti e professionisti

Libro di bordo per il tiro sportivo

📅 Data: _____ 🕐 Tempo: _____

📍 Posizione: _____

Condizioni meteo

☀️ ☐   ⛅ ☐   ☁️ ☐   🌧️ ☐   🌧️ ☐   🌨️ ☐   🚩 ____   🌡️ ____

Arma da fuoco:	
Proiettile:	Profondità di seduta:
Polvere:	Grani:
Primer:	
Ottone:	
Distanza:	

Risultati complessivi

☐ Povero   ☐ Fiera   ☐ Buono   ☐ Eccellente

Note aggiuntive

_____

_____

_____

☆ ☆ ☆ ☆ ☆

Un'idea regalo perfetta per principianti e professionisti

Libro di bordo per il tiro sportivo

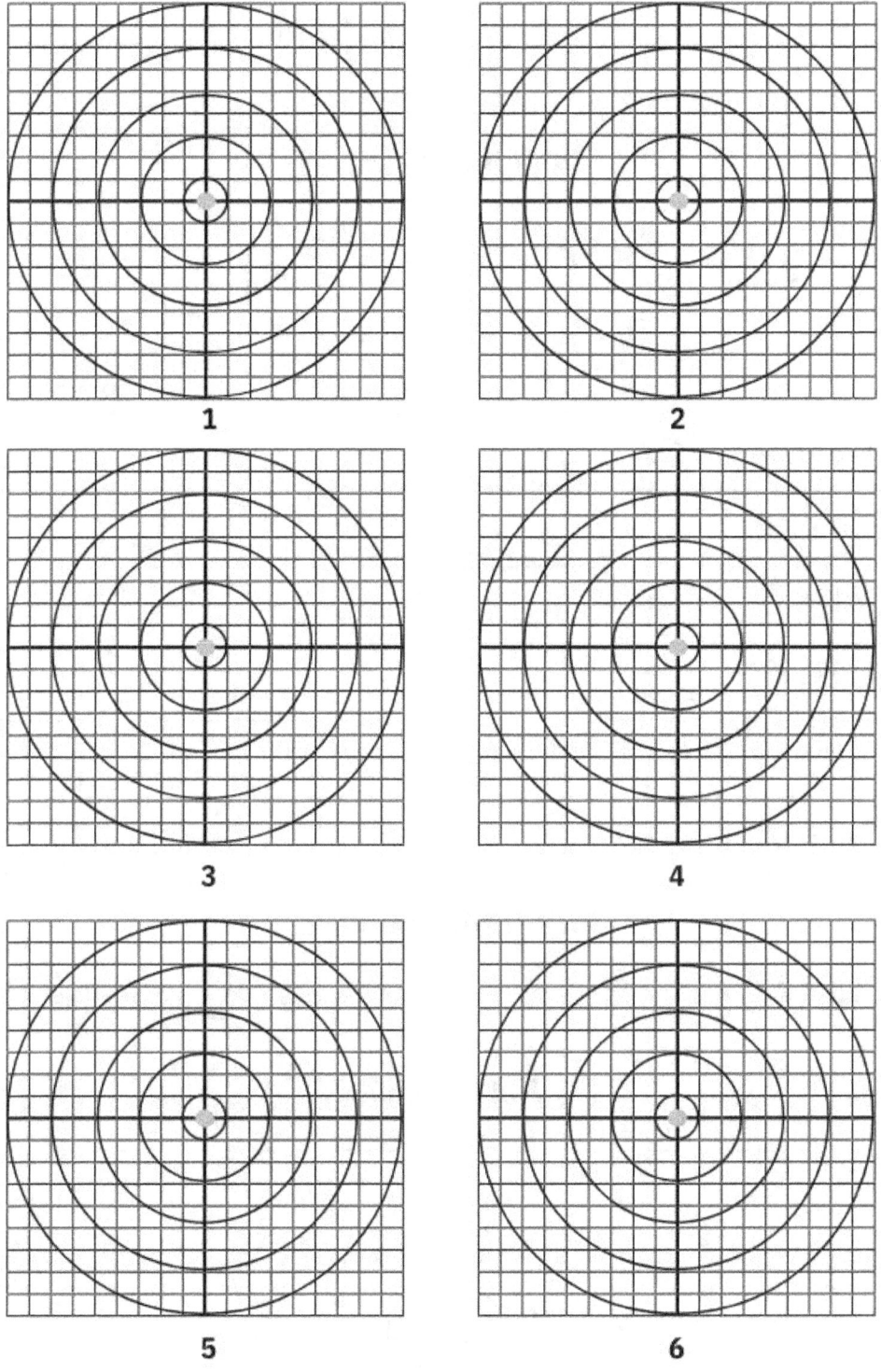

Un'idea regalo perfetta per principianti e professionisti

Libro di bordo per il tiro sportivo

📅 Data: _____ 🕐 Tempo: _____

📍 Posizione: _____

Condizioni meteo

☀️ ☁️ ⛅ 🌧️ 🌧️ 🌨️ 🚩 🌡️
☐   ☐   ☐   ☐   ☐   ☐   ____   ____

Arma da fuoco:	
Proiettile:	Profondità di seduta:
Polvere:	Grani:
Primer:	
Ottone:	
Distanza:	

Risultati complessivi

☐ Povero   ☐ Fiera   ☐ Buono   ☐ Eccellente

Note aggiuntive

_____
_____
_____

☆ ☆ ☆ ☆ ☆

Un'idea regalo perfetta per principianti e professionisti

Libro di bordo per il tiro sportivo

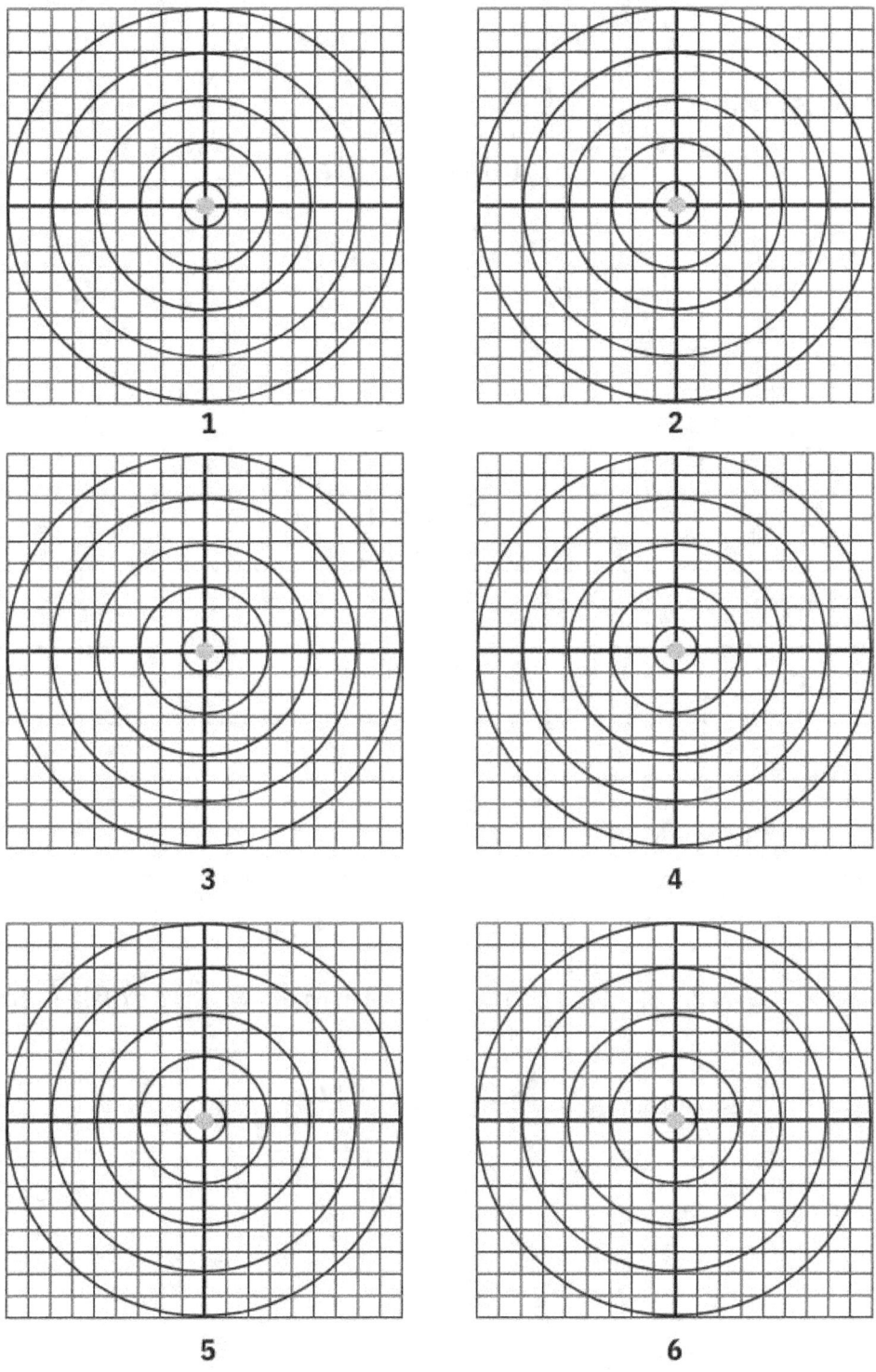

Un'idea regalo perfetta per principianti e professionisti

Libro di bordo per il tiro sportivo

📅 Data: _____   🕐 Tempo: _____

📍 Posizione: _____

Condizioni meteo

☀ ☁ 🌥 🌧 🌧 🌨 🚩 🌡
☐ ☐ ☐ ☐ ☐ ☐

Arma da fuoco:		
Proiettile:	Profondità di seduta:	
Polvere:	Grani:	
Primer:		
Ottone:		
Distanza:		

Risultati complessivi

☐ Povero   ☐ Fiera   ☐ Buono   ☐ Eccellente

Note aggiuntive

_____

_____

_____

☆ ☆ ☆ ☆ ☆

Un'idea regalo perfetta per principianti e professionisti

Libro di bordo per il tiro sportivo

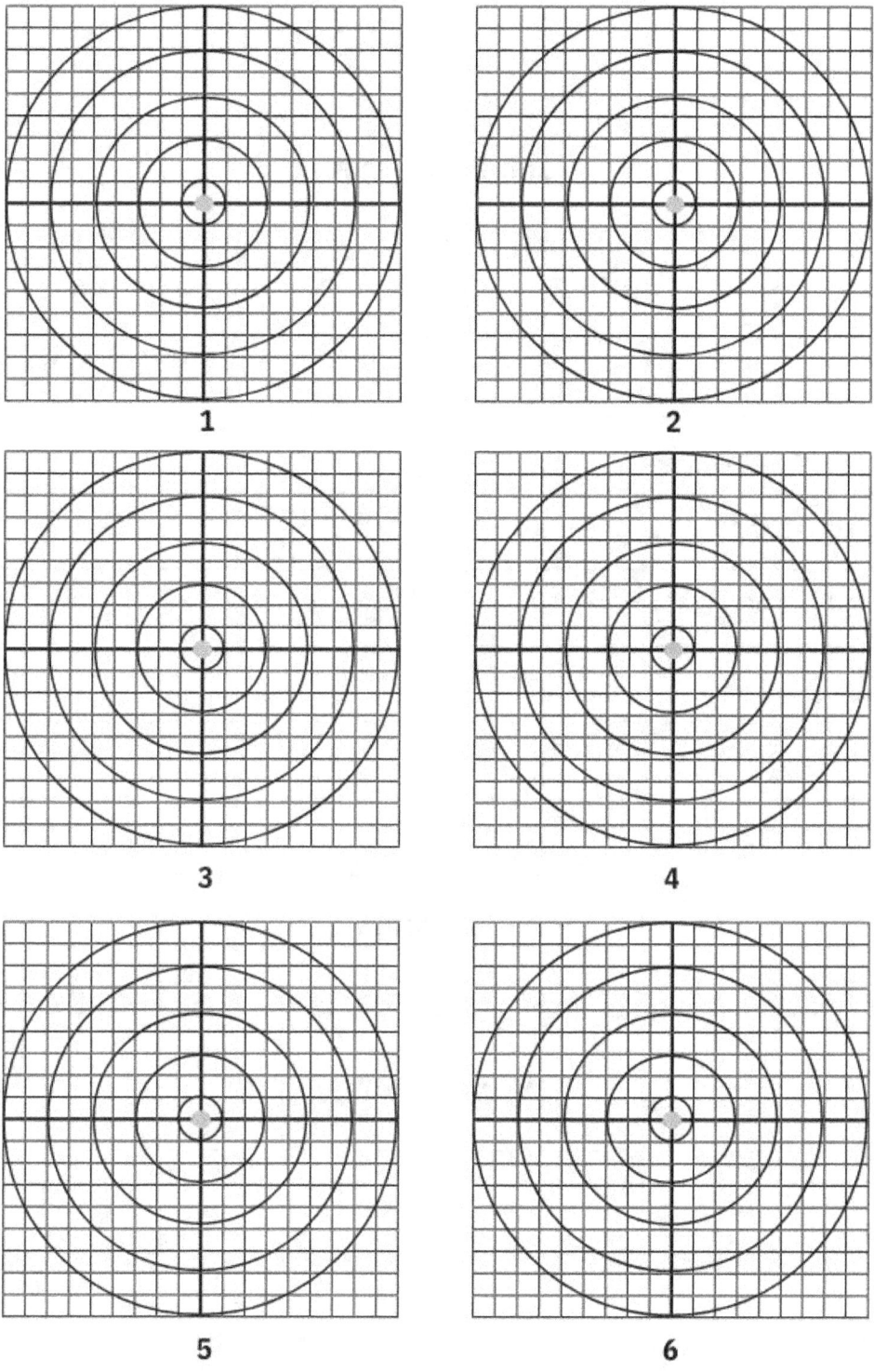

Un'idea regalo perfetta per principianti e professionisti

Libro di bordo per il tiro sportivo

Data: _____ **Tempo:** _____

Posizione: _____

Condizioni meteo

☐ ☐ ☐ ☐ ☐ ☐

Arma da fuoco:	
Proiettile:	Profondità di seduta:
Polvere:	Grani:
Primer:	
Ottone:	
Distanza:	

Risultati complessivi

☐ Povero ☐ Fiera ☐ Buono ☐ Eccellente

Note aggiuntive

_____

_____

_____

☆ ☆ ☆ ☆ ☆

Un'idea regalo perfetta per principianti e professionisti

Libro di bordo per il tiro sportivo

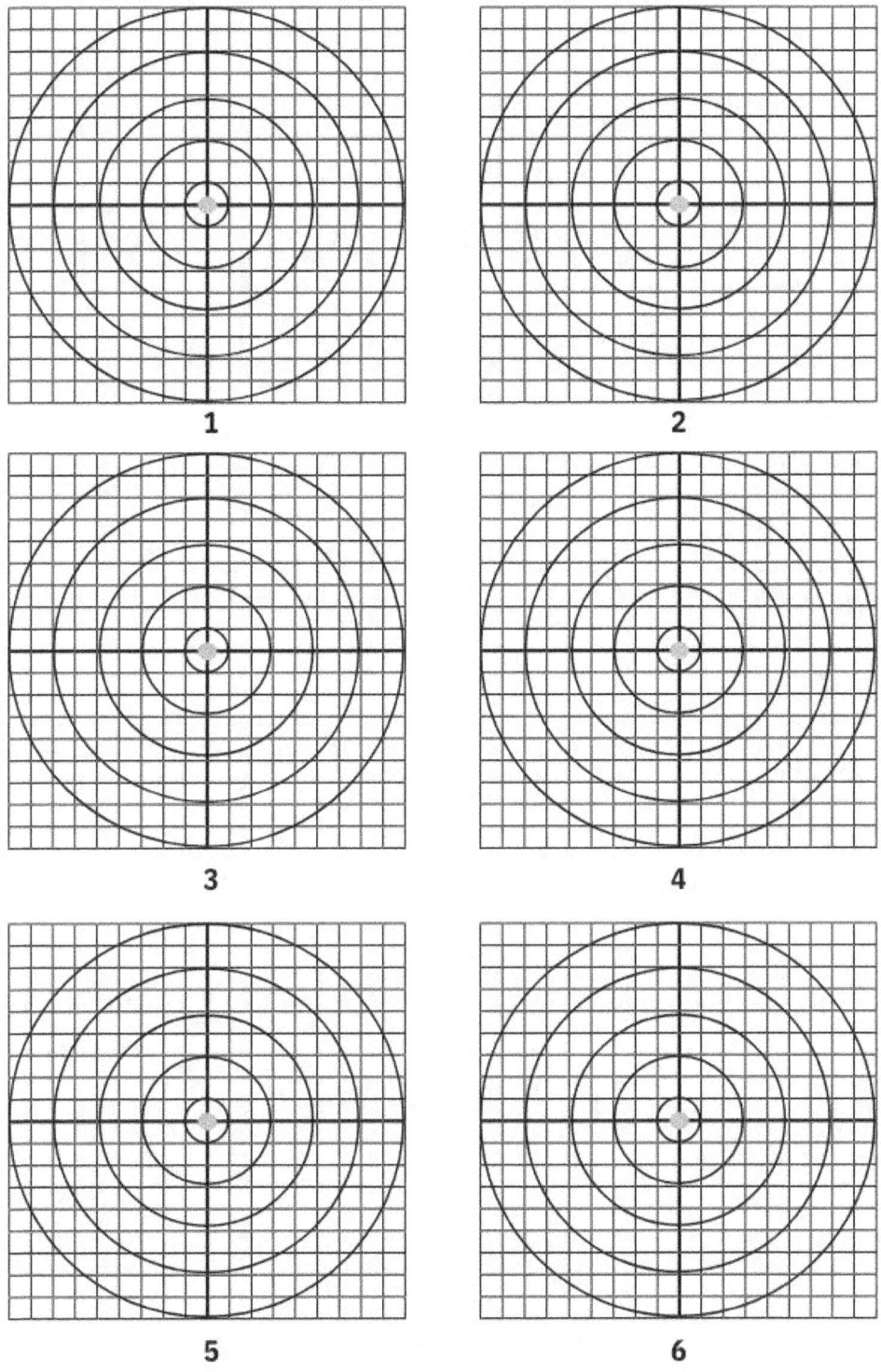

Un'idea regalo perfetta per principianti e professionisti

Libro di bordo per il tiro sportivo

📅 Data: _____ 🕐 Tempo: _____

📍 Posizione: _____

Condizioni meteo

☀️ ☁️ ⛅ 🌧️ 🌧️ 🌨️ 🚩 🌡️
☐   ☐   ☐   ☐   ☐   ☐   ___ ___

Arma da fuoco:		
Proiettile:	Profondità di seduta:	
Polvere:	Grani:	
Primer:		
Ottone:		
Distanza:		

Risultati complessivi

☐ Povero   ☐ Fiera   ☐ Buono   ☐ Eccellente

Note aggiuntive

_____
_____
_____

☆ ☆ ☆ ☆ ☆

Un'idea regalo perfetta per principianti e professionisti

Libro di bordo per il tiro sportivo

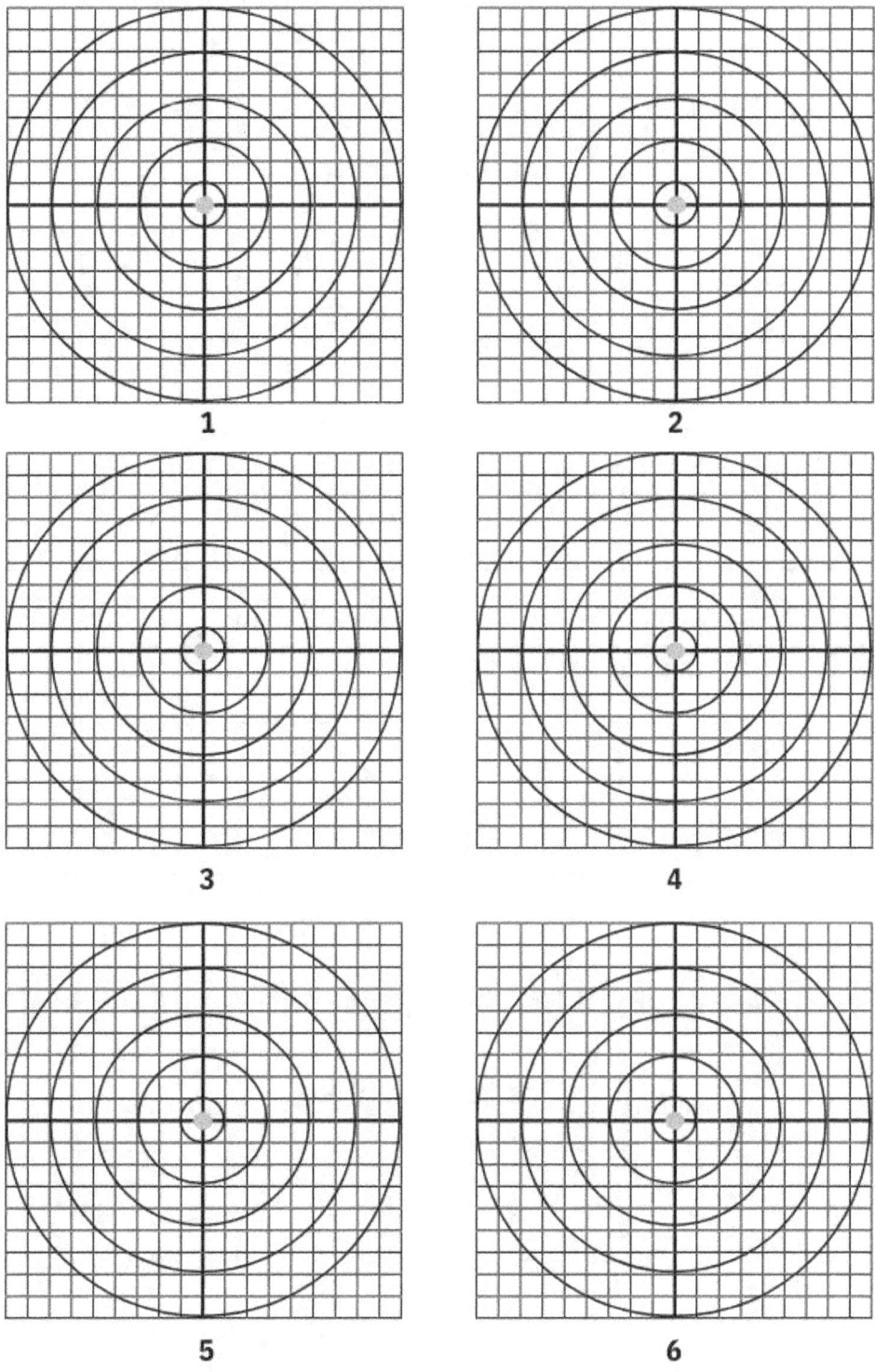

Un'idea regalo perfetta per principianti e professionisti

Libro di bordo per il tiro sportivo

📅 Data: _____ 🕐 Tempo: _____

📍 Posizione: _____

Condizioni meteo

☀️ ⛅ 🌤️ 🌧️ 🌧️ 🌨️ 🚩 🌡️
☐   ☐   ☐   ☐   ☐   ☐   ____ ____

Arma da fuoco:	
Proiettile:	Profondità di seduta:
Polvere:	Grani:
Primer:	
Ottone:	
Distanza:	

Risultati complessivi

☐ Povero ☐ Fiera ☐ Buono ☐ Eccellente

Note aggiuntive

_____

_____

_____

☆ ☆ ☆ ☆ ☆

Un'idea regalo perfetta per principianti e professionisti

Libro di bordo per il tiro sportivo

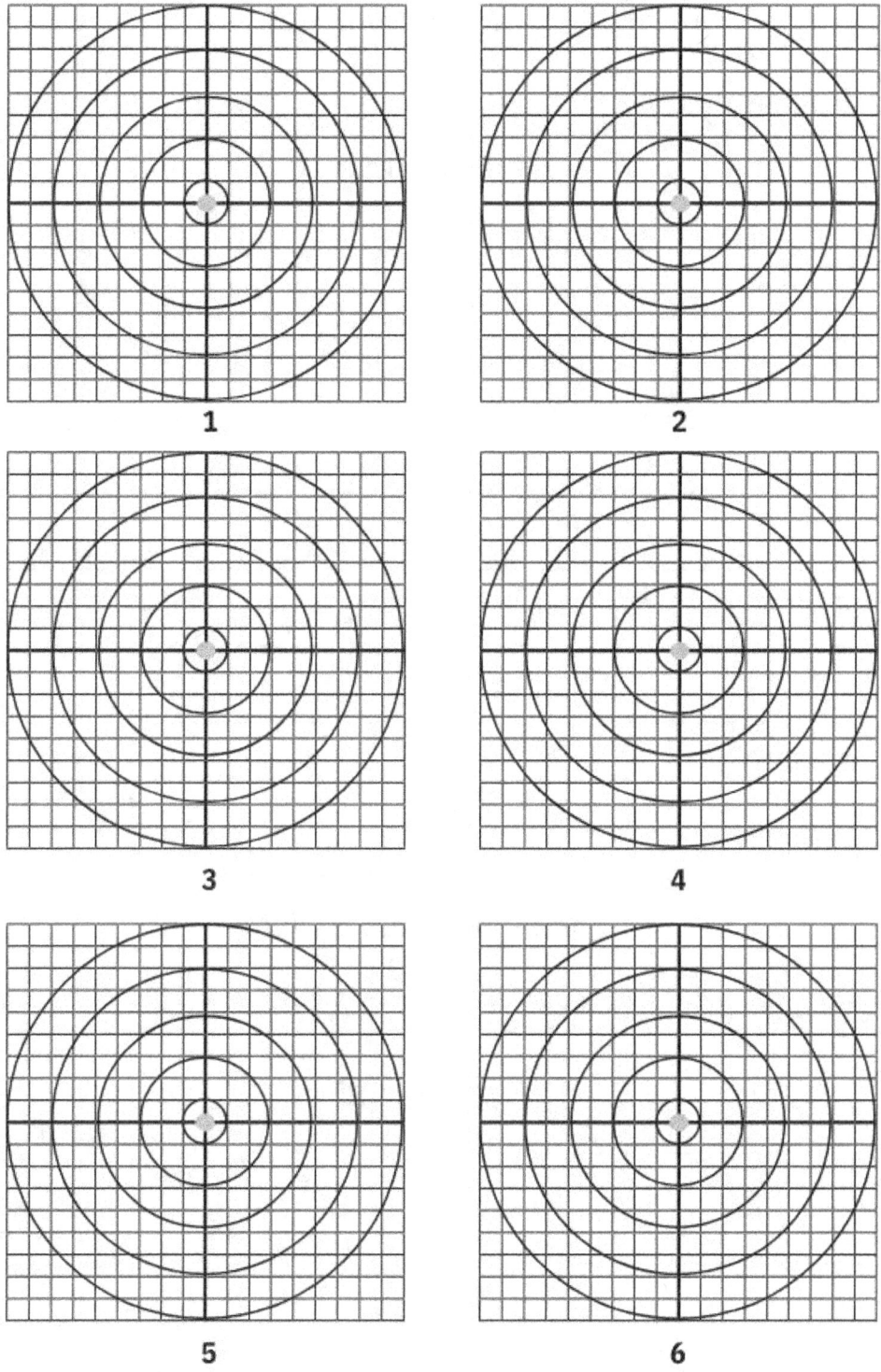

Un'idea regalo perfetta per principianti e professionisti

Libro di bordo per il tiro sportivo

📅 Data: _____ 🕐 Tempo: _____

📍 Posizione: _____

Condizioni meteo

☀ ☁ 🌥 🌧 🌧 🌨 🚩 🌡
☐ ☐ ☐ ☐ ☐ ☐

Arma da fuoco:	
Proiettile:	Profondità di seduta:
Polvere:	Grani:
Primer:	
Ottone:	
Distanza:	

Risultati complessivi

☐ Povero ☐ Fiera ☐ Buono ☐ Eccellente

Note aggiuntive

_____
_____
_____

☆ ☆ ☆ ☆ ☆

Un'idea regalo perfetta per principianti e professionisti

Libro di bordo per il tiro sportivo

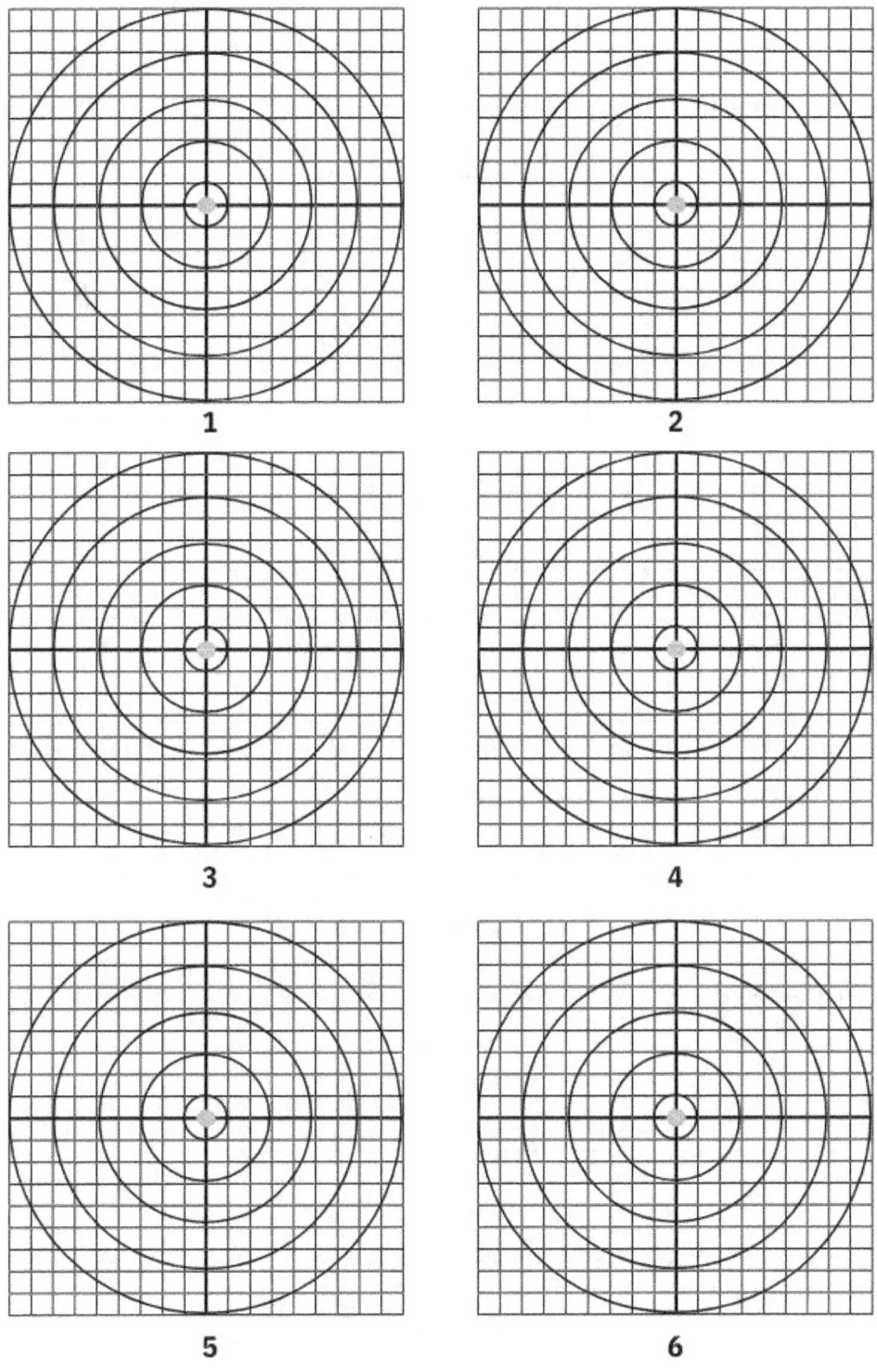

Un'idea regalo perfetta per principianti e professionisti

Libro di bordo per il tiro sportivo

Data: _____ **Tempo:** _____

Posizione: _____

Condizioni meteo

☐ ☐ ☐ ☐ ☐ ☐ ☐ _____ _____

Arma da fuoco:	
Proiettile:	Profondità di seduta:
Polvere:	Grani:
Primer:	
Ottone:	
Distanza:	

Risultati complessivi

☐ Povero   ☐ Fiera   ☐ Buono   ☐ Eccellente

Note aggiuntive

_____
_____
_____

☆ ☆ ☆ ☆ ☆

Un'idea regalo perfetta per principianti e professionisti

Libro di bordo per il tiro sportivo

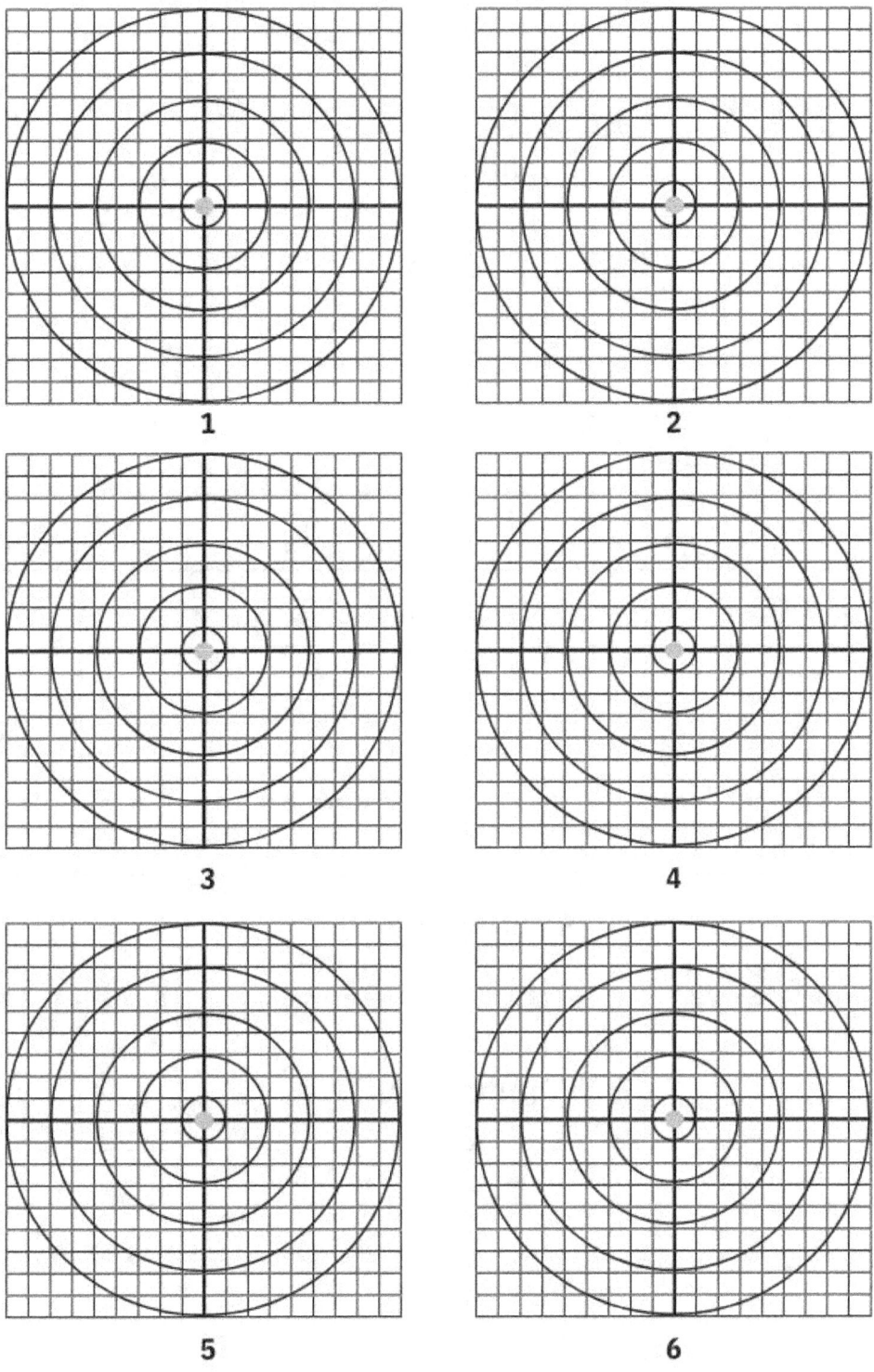

Un'idea regalo perfetta per principianti e professionisti

Libro di bordo per il tiro sportivo

📅 Data: _____ 🕐 Tempo: _____

📍 Posizione: _____

Condizioni meteo

☐ ☐ ☐ ☐ ☐ ☐

Arma da fuoco:	
Proiettile:	Profondità di seduta:
Polvere:	Grani:
Primer:	
Ottone:	
Distanza:	

Risultati complessivi

☐ Povero   ☐ Fiera   ☐ Buono   ☐ Eccellente

Note aggiuntive

_____

_____

_____

☆ ☆ ☆ ☆ ☆

Un'idea regalo perfetta per principianti e professionisti

Libro di bordo per il tiro sportivo

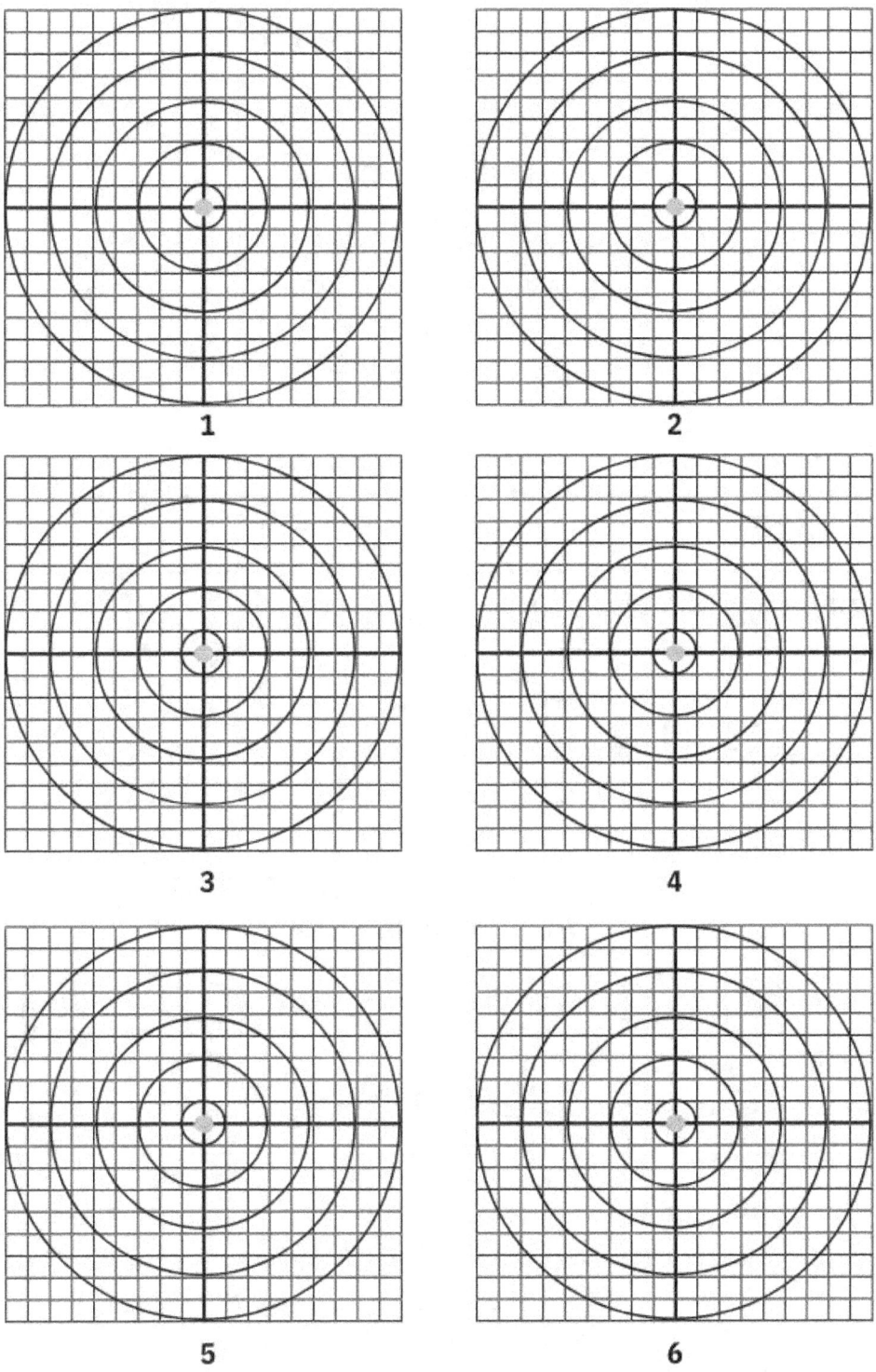

Un'idea regalo perfetta per principianti e professionisti

Libro di bordo per il tiro sportivo

📅 Data: _____ 🕐 Tempo: _____

📍 Posizione: _____

Condizioni meteo

☀️ ⛅ 🌥️ 🌧️ 🌦️ 🌨️ 🚩 🌡️
☐ ☐ ☐ ☐ ☐ ☐ ___ ___

Arma da fuoco:	
Proiettile:	Profondità di seduta:
Polvere:	Grani:
Primer:	
Ottone:	
Distanza:	

Risultati complessivi

☐ Povero   ☐ Fiera   ☐ Buono   ☐ Eccellente

Note aggiuntive

_____

_____

☆ ☆ ☆ ☆ ☆

Un'idea regalo perfetta per principianti e professionisti

Libro di bordo per il tiro sportivo

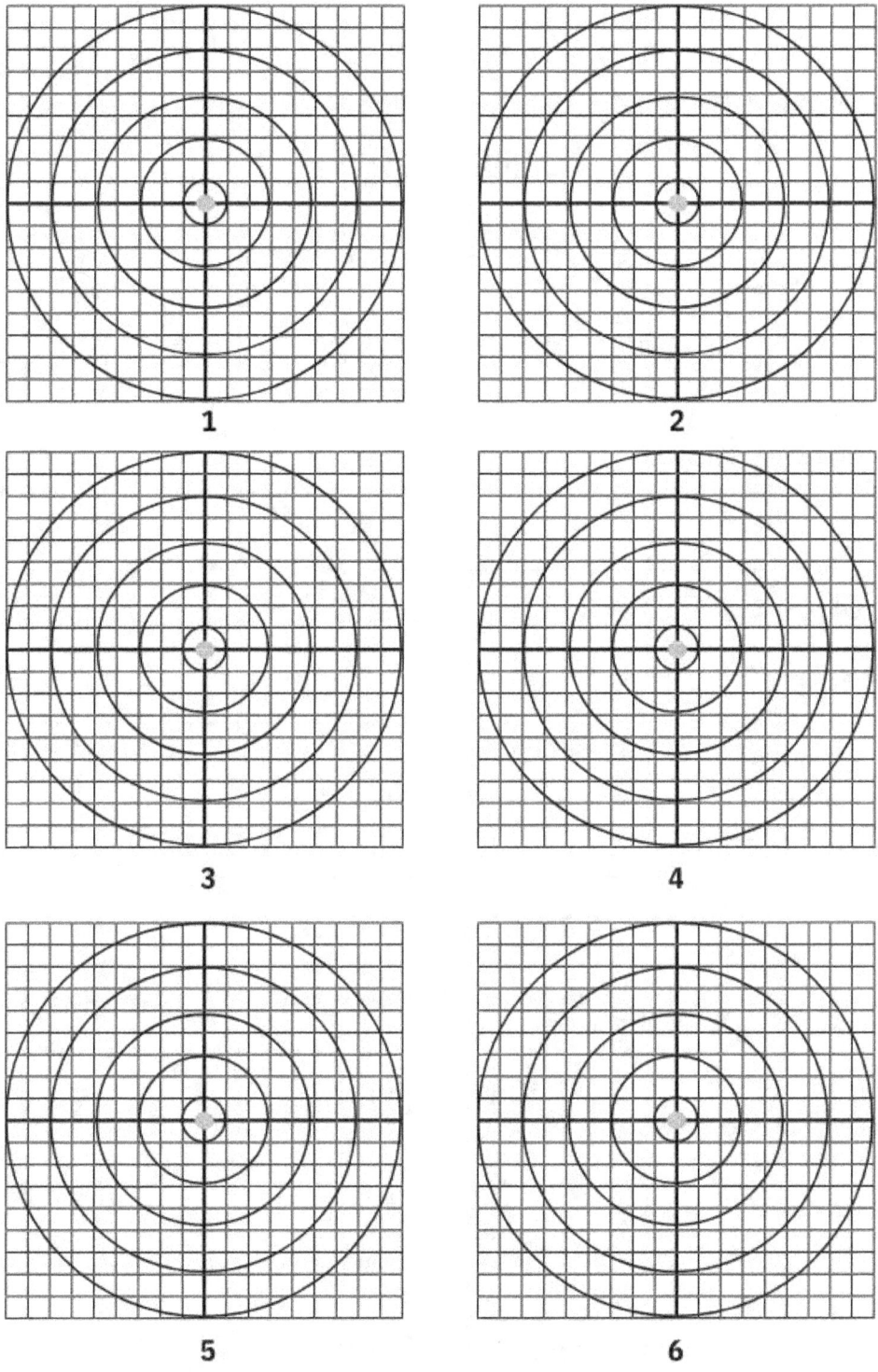

Un'idea regalo perfetta per principianti e professionisti

Libro di bordo per il tiro sportivo

📅 Data: _____ 🕐 Tempo: _____

📍 Posizione: _____

Condizioni meteo

☀️ ☐   ☁️ ☐   ⛅ ☐   🌧️ ☐   🌧️ ☐   🌨️ ☐   🚩 _____   🌡️ _____

Arma da fuoco:	
Proiettile:	Profondità di seduta:
Polvere:	Grani:
Primer:	
Ottone:	
Distanza:	

Risultati complessivi

☐ Povero   ☐ Fiera   ☐ Buono   ☐ Eccellente

Note aggiuntive

_____
_____
_____

☆ ☆ ☆ ☆ ☆

Un'idea regalo perfetta per principianti e professionisti

Libro di bordo per il tiro sportivo

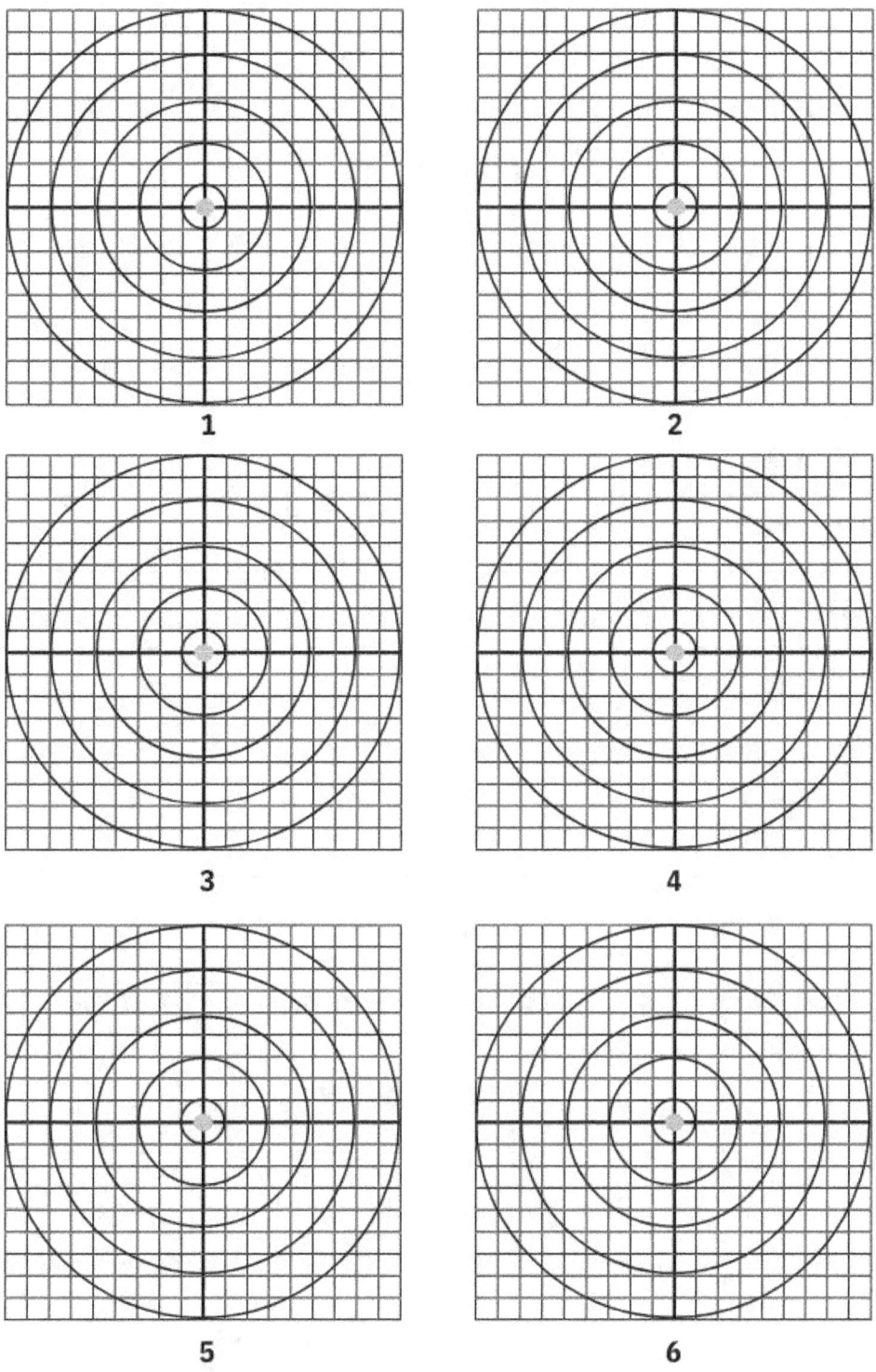

Un'idea regalo perfetta per principianti e professionisti

Libro di bordo per il tiro sportivo

📅 Data: _____ 🕐 Tempo: _____

📍 Posizione: _____

Condizioni meteo

☀ ☁ ⛅ 🌧 🌧 🌨 🚩 🌡
☐ ☐ ☐ ☐ ☐ ☐ ____ ____

Arma da fuoco:	
Proiettile:	Profondità di seduta:
Polvere:	Grani:
Primer:	
Ottone:	
Distanza:	

Risultati complessivi

☐ Povero ☐ Fiera ☐ Buono ☐ Eccellente

Note aggiuntive

_____
_____
_____

☆ ☆ ☆ ☆ ☆

Un'idea regalo perfetta per principianti e professionisti

Libro di bordo per il tiro sportivo

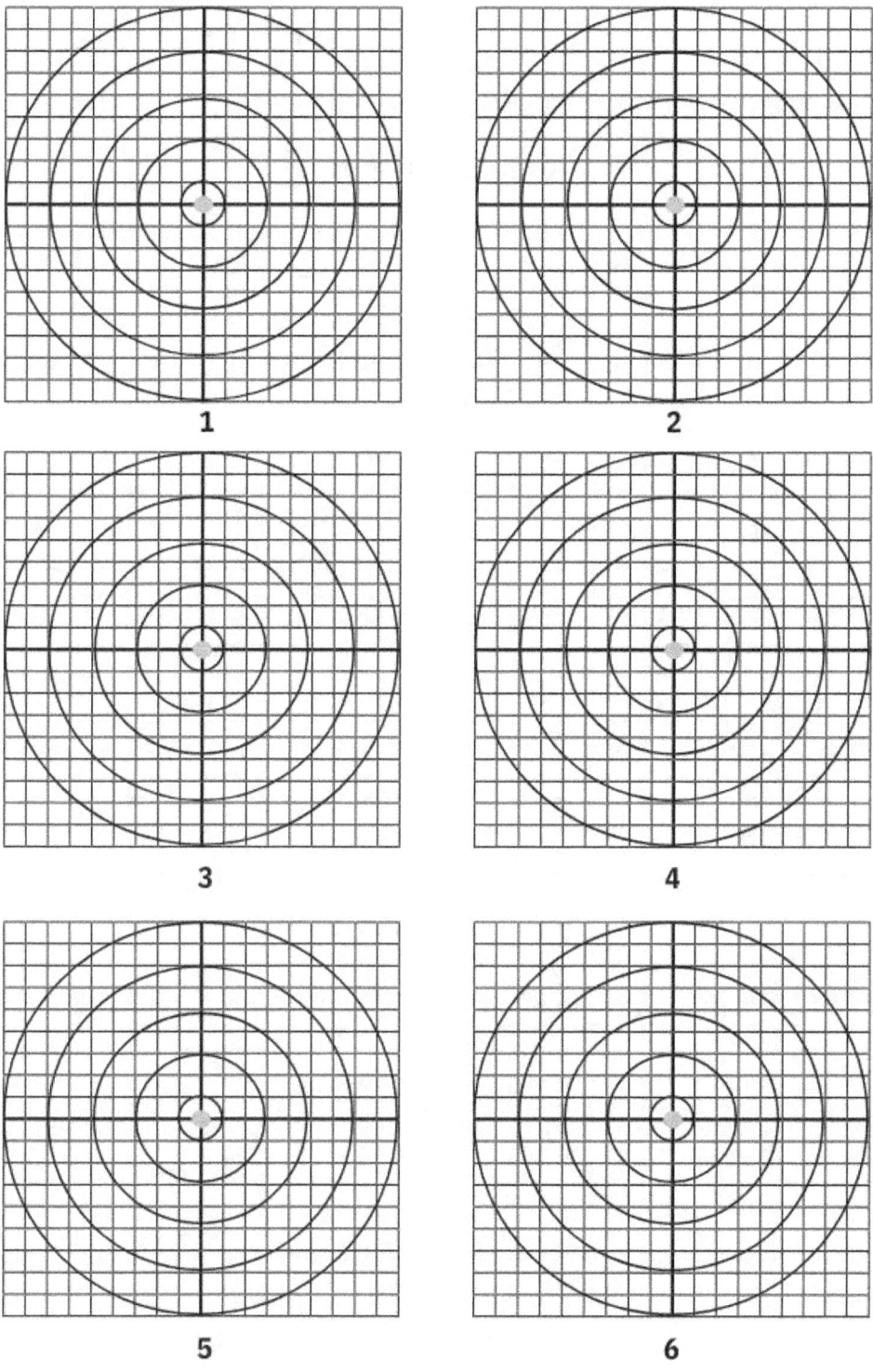

Un'idea regalo perfetta per principianti e professionisti

Libro di bordo per il tiro sportivo

📅 Data: _____ 🕐 Tempo: _____

📍 Posizione: _____

Condizioni meteo

☀️ ☁️ 🌥️ 🌧️ 🌦️ 🌨️ 🚩_____ 🌡️_____

☐   ☐   ☐   ☐   ☐   ☐

Arma da fuoco:	
Proiettile:	Profondità di seduta:
Polvere:	Grani:
Primer:	
Ottone:	
Distanza:	

Risultati complessivi

☐ Povero   ☐ Fiera   ☐ Buono   ☐ Eccellente

Note aggiuntive

_____
_____
_____

☆ ☆ ☆ ☆ ☆

Un'idea regalo perfetta per principianti e professionisti

Libro di bordo per il tiro sportivo

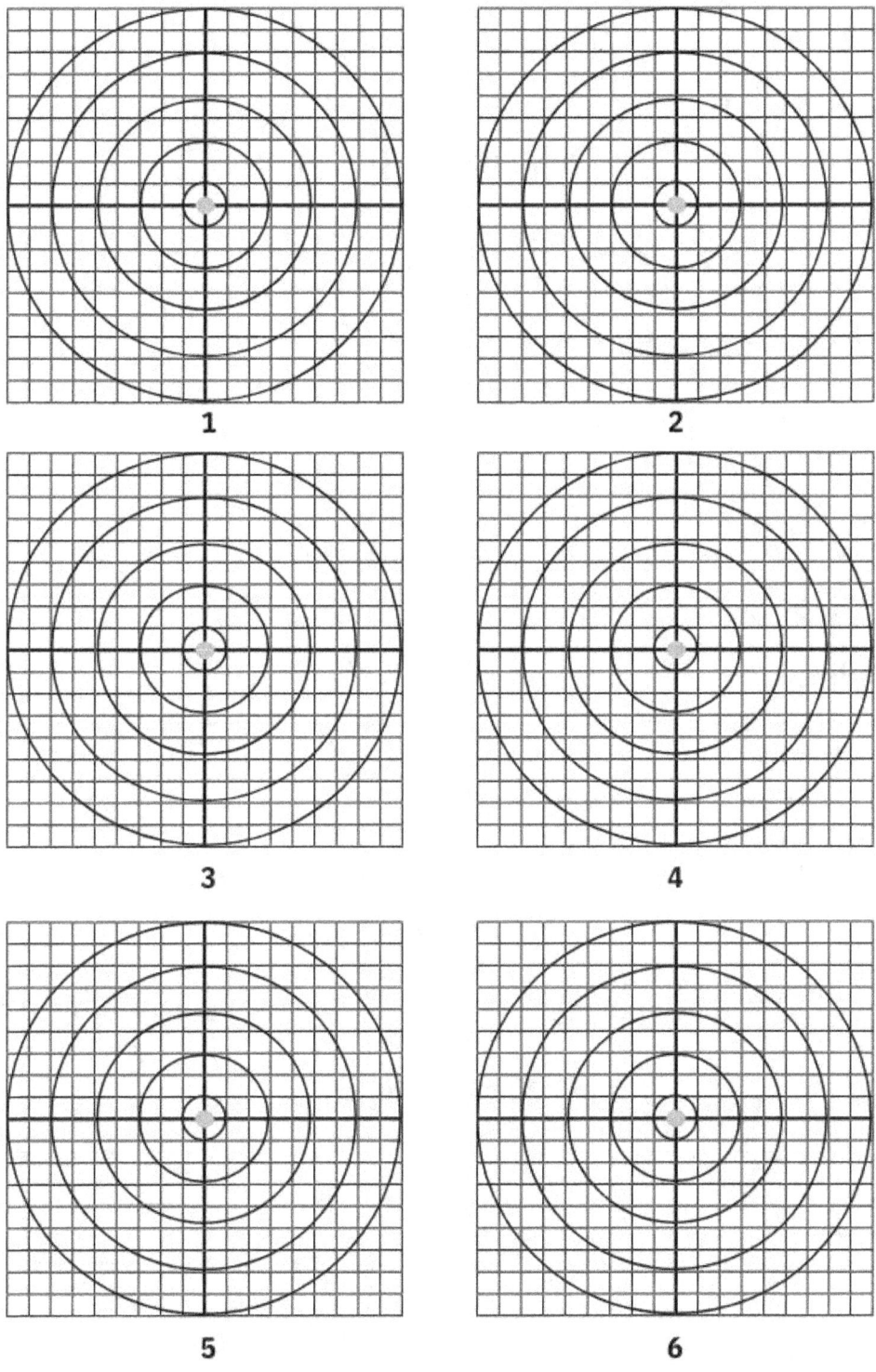

Un'idea regalo perfetta per principianti e professionisti

Libro di bordo per il tiro sportivo

📅 Data: _____   🕐 Tempo: _____

📍 Posizione: _____

Condizioni meteo

☀️ ☐   ⛅ ☐   🌤 ☐   🌧 ☐   🌦 ☐   🌨 ☐   🚩 _____   🌡 _____

Arma da fuoco:	
Proiettile:	Profondità di seduta:
Polvere:	Grani:
Primer:	
Ottone:	
Distanza:	

Risultati complessivi

☐ Povero   ☐ Fiera   ☐ Buono   ☐ Eccellente

Note aggiuntive

_____
_____
_____

☆ ☆ ☆ ☆ ☆

Un'idea regalo perfetta per principianti e professionisti

Libro di bordo per il tiro sportivo

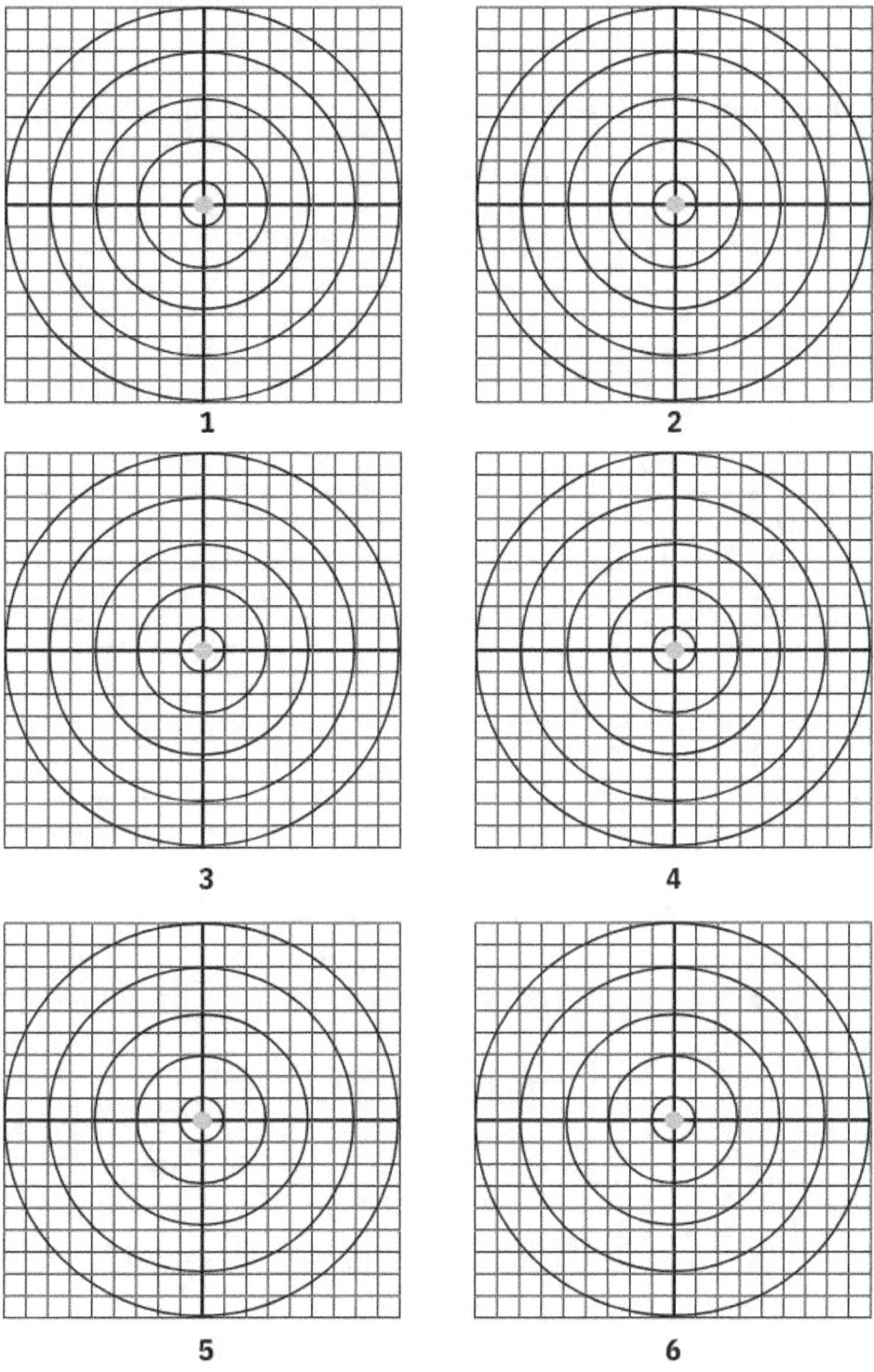

Un'idea regalo perfetta per principianti e professionisti

Libro di bordo per il tiro sportivo

Data: _____ Tempo: _____

Posizione: _____

Condizioni meteo

☀ ☐ ⛅ ☐ 🌥 ☐ 🌧 ☐ 🌧 ☐ 🌨 ☐ 🚩 _____ 🌡 _____

Arma da fuoco:	
Proiettile:	Profondità di seduta:
Polvere:	Grani:
Primer:	
Ottone:	
Distanza:	

Risultati complessivi

☐ Povero   ☐ Fiera   ☐ Buono   ☐ Eccellente

Note aggiuntive

_____
_____
_____

☆ ☆ ☆ ☆ ☆

Un'idea regalo perfetta per principianti e professionisti

Libro di bordo per il tiro sportivo

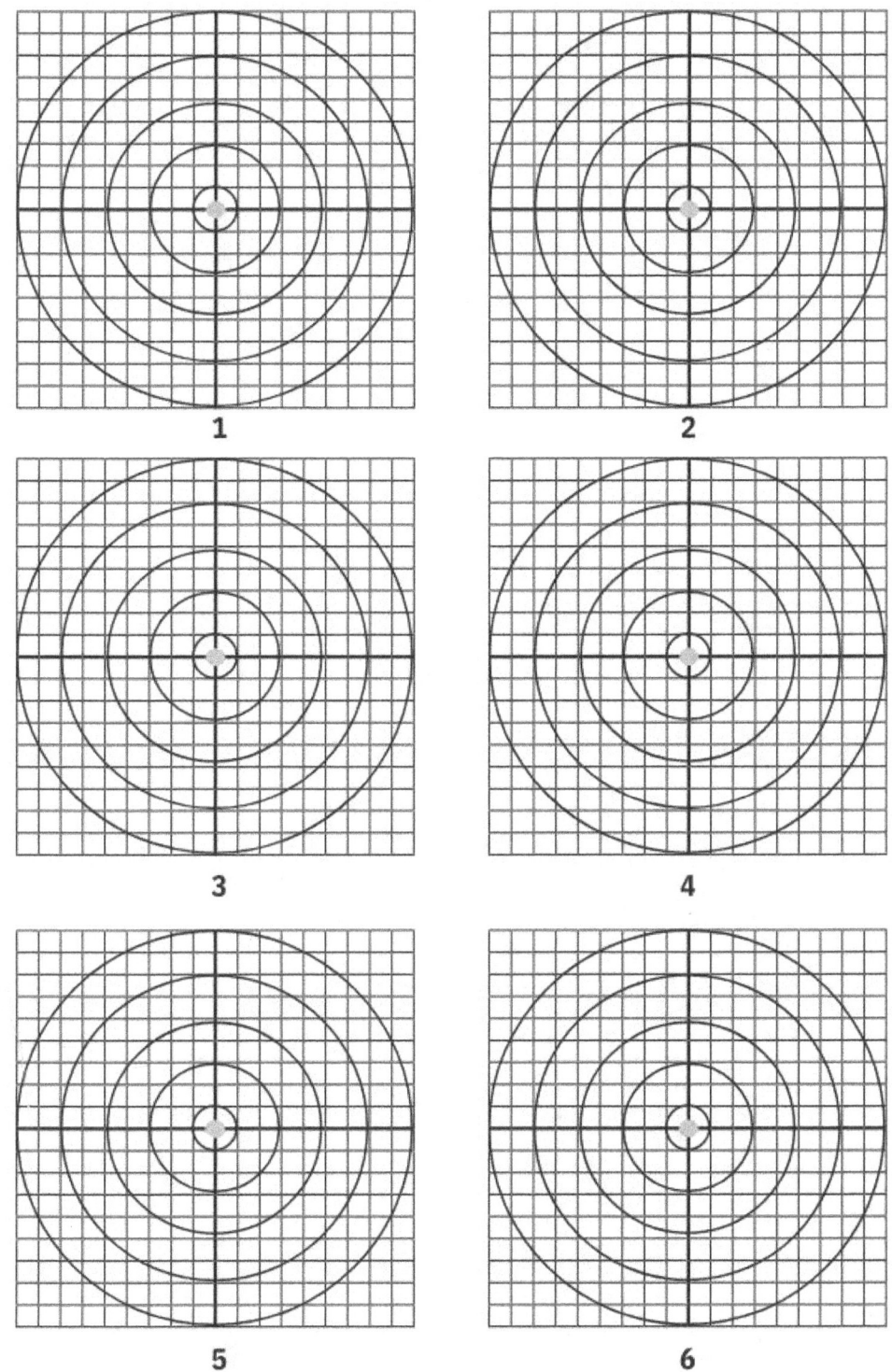

Un'idea regalo perfetta per principianti e professionisti

www.ingramcontent.com/pod-product-compliance
Lightning Source LLC
LaVergne TN
LVHW011959070526
838202LV00054B/4967